# A MATURIDADE

Conheça nossos clubes

Conheça nosso site

- @editoraquadrante
- @editoraquadrante
- @quadranteeditora
- Quadrante

# A MATURIDADE

## RAFAEL LLANO CIFUENTES

5ª edição

Copyright © 2003 Quadrante Editora

Capa
Gabriela Haeitmann

**Dados Internacionais de Catalogação na Publicação (CIP)**

Llano Cifuentes, Rafael
    A maturidade / Rafael Llano Cifuentes – 5ª ed. – São Paulo : Quadrante, 2024.
    ISBN: 978-85-7465-669-4
    1. Maturidade (Psicologia) 2. Psicologia religiosa 3. Vida cristã I. Título

CDD 200.19

**Índice para catálogo sistemático:**
1. Maturidade : Psicologia religiosa 200.19

Todos os direitos reservados a
QUADRANTE EDITORA
Rua Bernardo da Veiga, 47 - Tel.: 3873-2270
CEP 01252-020 - São Paulo - SP
www.quadrante.com.br / atendimento@quadrante.com.br

# SUMÁRIO

A MATURIDADE, HOJE      7

O PERFIL DA MATURIDADE      23

PARA CRESCER EM MATURIDADE      31

DIMENSÕES FUNDAMENTAIS
DA MATURIDADE      103

ROTEIRO PARA A MATURIDADE      127

# A MATURIDADE, HOJE

## «O critério não é a idade, é o homem»

Experimentamos uma agradável sensação de confiança quando nos encontramos ao lado de um homem que, pelas suas atitudes, pelo seu modo de encarar a vida e de abordar os problemas, parece ter uma abertura de cabeça e de coração capaz de avaliar corretamente as situações, de dar um parecer ponderado sobre o valor das coisas e das pessoas e, especialmente, de compreender-nos intimamente, de poder aconselhar-nos. Diante desse homem, pensamos: «Eis uma pessoa cabal, firme, confiável, ponderada... Eis uma pessoa *madura*».

Paralelamente, mas em sentido contrário, ficamos inquietos diante de uma personalidade instável, que parece mexer-se de um lado para outro como um catavento, ao sabor dos seus gostos e conveniências... Dá a impressão

# A MATURIDADE

de só pensar no seu próprio benefício, de viver na dependência dos seus interesses momentâneos... Não tem convicções profundas... Parece que os anos resvalam por cima dela sem deixar nenhum sedimento de experiência, segurança, firmeza... Diante de uma pessoa como essa, sentimo-nos inclinados a dizer: «É um homem superficial, inconsistente... Não gostaria de assumir um compromisso com ele, de solicitar-lhe um conselho... Não merece confiança: falta-lhe *maturidade*».

Reparemos que a avaliação destas duas personalidades tão diferentes independe, em certa medida, da idade. Os anos influem grandemente no grau de maturidade de uma pessoa, mas não a condicionam ineludivelmente. Podemos encontrar uma notável maturidade em pessoas muito jovens, e uma imaturidade quase infantil em homens e mulheres que já ultrapassaram os cinquenta anos.

É certo que cada momento da existência tem um significado peculiar: a «juventude», a «idade madura» e a «senilidade» têm o seu cunho próprio. Mas também é necessário levar em conta o que dizia um experiente general da Segunda Guerra Mundial: «A juventude não é uma época na vida, mas uma qualidade da alma. Se os anos enrugam a pele, perder o ideal, perder a esperança, enruga a alma». Algo parecido se poderia dizer da maturidade: a maturidade não é própria apenas de quem ultrapassou os quarenta anos de idade, mas é patrimônio daqueles que conseguiram adquirir uma série de características que a tipificam como uma verdadeira *qualidade da alma*, não como uma época da vida.

Um dos que conheceram John Kennedy mais de perto, Sorensen, recolhe na sua conhecida biografia uma pergunta de Truman ao candidato à presidência, aludindo à sua juventude: «O senhor tem a certeza de que está preparado para o país ou de que o país está preparado para tê-lo como presidente? Nós temos necessidade de um homem com a maior maturidade e experiência possíveis [...]. Posso exortá-lo a ter paciência e a esperar a próxima eleição?»

Kennedy, com a maior segurança, respondeu: «Não me lembro de ter demonstrado falta de bom senso ou de responsabilidade nos últimos quatro anos [em que fora senador], *O critério não é a idade; o critério é o homem...* Há um século, Abraham Lincoln também foi questionado nesse sentido pelos veteranos da política, e a sua resposta foi esta: «Se há um trabalho para mim, creio que estou preparado». Pois bem, digo-lhe – continuou Kennedy – que, se esta nação me escolher para ser seu presidente, creio que estou preparado»[1].

## Idade cronológica e idade psicológica

Todos podemos comprovar cotidianamente essa verdade que acabamos de expor e que se poderia sintetizar assim: em muitos casos, a *idade psicológica* não corresponde à *idade cronológica*. Podemos dizer que nem todos os adultos são adultos, como nem todos os menores são menores.

O que realmente chama a atenção é que até agora não se tenha encontrado nenhum critério efetivo para analisar algo tão importante como essa qualidade central do caráter. Observamos a toda hora que inúmeros indivíduos que ostentam posições de influência – deputados, juízes,

---

(1) T.H. Sorensen, *Kennedy*, Aster, Lisboa, págs. 156-158.

# A MATURIDADE

prefeitos, professores universitários e até presidentes da República – têm um nível psicológico claramente imaturo. Há provas psicotécnicas e vestibulares acadêmicos, mas não há um critério que selecione as pessoas pelo seu grau de maturidade.

Quais são as causas que originam este fenômeno?

A imaturidade deve-se, em primeiro lugar, a uma espécie de *paralisação*, de «*fixação*» *numa determinada época da vida* – infância, adolescência, primeira juventude... – que retarda o desenvolvimento normal da personalidade. Um adulto acriançado que se encontre, por exemplo, na faixa dos trinta anos, continuará a procurar a solução dos seus problemas de adulto por meio dos recursos infantis; ou seja, procurará, por um procedimento pueril, infantilizado, resolver conflitos que só podem ser superados de maneira adulta.

Uma criança costuma aprender muito cedo que é capaz de obter o que deseja gritando, batendo o pé, chegando até a engasgar e a corar para amedrontar e dobrar os pais. Se tiver pais bem orientados, pode ser ajudada a superar esse modo infantil de lidar com os problemas. Mas se tiver pais insensatos, que cedem mil e uma vezes às suas exigências impositivas, acabará por utilizar, quando for um quarentão, métodos equivalentes ao processo de gritar ou bater o pé: terá explosões periódicas, reagirá às naturais dificuldades de relacionamento no trabalho como se fossem ofensas pessoais, recorrerá aos amuos e às mágoas e, ao ver que isso já não produz o efeito desejado, refugiar-se-á no ressentimento.

Vejamos um caso. Um garotinho, que precisava de atenção e carinho, aprendeu que as pessoas riam quando ele deixava outros em situação ridícula. Ainda não tinha a capacidade de entender o que significa magoar alguém. Interessava-lhe apenas obter o que desejava: chamar a atenção ou mostrar-se superior. Mas não conseguiu superar essa atitude mais tarde e ficou incrustado na infância, de forma que aos quarenta anos o vemos fazer gozações e pregar peças infantis como outrora... Barrigudinho e careca, com um sorriso de triunfo vazio nos lábios, permanece até o fim dos seus dias um moleque que nunca cresceu. Parou no tempo.

Na mesma linha, todos conhecemos esses indivíduos que assumiram o papel de perpétuos «engraçadinhos», e que em todo lugar querem roubar a cena com um interminável repertório de piadas. Ou esses cinquentões que querem retornar aos seus vinte e cinco anos tingindo o cabelo, assumindo ares esportistas de uma elasticidade completamente ridícula... Ou ainda essas *socialites* que dão festas de aniversário para o seu poodle como se ainda fossem menininhas agarradas ao seu bichinho de pelúcia, ou essas senhoras que não aceitam a inexorável passagem do tempo e gastam fortunas com plásticas complicadas...

Tudo isto acontece bem ao nosso lado, e talvez bem dentro de nós mesmos... É possível que se encontrem nessa situação os nossos filhos, os nossos irmãos, os nossos amigos... ou os nossos chefes e dirigentes. Temos de ter a coragem de corrigi-los fraternalmente. O mundo necessita desesperadamente de maturidade: não sejamos nós também imaturos diante da imaturidade reinante. Todos temos de ajudar-nos mutuamente a progredir, começando por nós mesmos.

Uma segunda fonte de imaturidade pode ser localizada numa espécie de *«fixação retrógrada» em determinado nível cultural ou educativo*, numa incapacidade de assimi-

# A MATURIDADE

lar o que é novo devido a deficiências na formação que recebemos. Há muitos homens adultos que literalmente precisam ser «alfabetizados»: alfabetizados na vida afetiva, no relacionamento conjugal, no comportamento social, na vida espiritual... Há pessoas de vida intelectual paupérrima, praticamente incapazes de ler um livro ou de interessar-se por algo que não seja esporte, política ou fofocas sobre as celebridades do dia...

Não deveríamos desconsiderar a hipótese de estarmos entre elas: será que não temos também nós as nossas deficiências em algum desses campos? Na vida espiritual, por exemplo, em que infelizmente muitos ficam nas noções elementares do primeiro catecismo da doutrina cristã, quando não as esquecem?...

Lembro-me de um próspero comerciante do Rio de Janeiro – um grande entendido em decoração – a quem convidei para umas palestras de formação religiosa. Agradeceu comovido, mas acrescentou: «Não vou participar, sinto-me constrangido; sou batizado, mas não sei nem rezar o Pai-nosso». Respondi-lhe: «Razão a mais para que participe, não seja que permaneça sempre com o complexo de ainda não ter feito a Primeira Eucaristia... Se quiser, eu mesmo vou prepará-lo». Assim foi. Ficou radiante. E acabou por tornar-se um cristão pleno.

Ninguém, nem mesmo um adulto, deveria ter vergonha de sentar-se nas «cadeiras escolares» da vida. Parece que existe o preconceito de que o aprendizado estaria limitado a uma determinada faixa etária. Nada mais contrário à verdade, e hoje mais do que nunca, pois todos temos de familiarizar-nos com as bugigangas eletrônicas – computador, internet, agendas eletrônicas... –, sob pena de ficarmos enclausurados na «época da carrocinha». Da mesma forma, também o crescimento da personalidade não tem limites etários: nunca é tarde para aprender. Mesmo a maturidade não existe como qualidade estática, pois está sempre em crescimento, como a própria personalidade.

A imaturidade pode também ser causada por um determinado tipo de *fraqueza de caráter*, que de certa forma segue o padrão do chamado *reflexo condicionado*. Como se sabe, no início do século XIX, um fisiologista russo, Ivan Pavlov, realizou uma série de experiências muito interessantes, que poderíamos resumir assim: um cachorro recebia um pedaço de carne, depois de tocada uma campainha. Repetiu-se a ação inúmeras vezes, até que chegou um momento em que bastava tocar a campainha para fazer o cachorro salivar, mesmo que não houvesse carne.

O que se verificou a respeito dos animais, foi constatado também no homem: não é «natural» que um homem breque o carro ao ver uma luz vermelha, mas o sistema de semáforos está de tal forma incorporado à mentalidade das pessoas que um cidadão se sente mal ao avançar o sinal vermelho, mesmo que não exista perigo nenhum. Houve, neste caso, um «condicionamento social». E poderíamos dar uma centena de exemplos como este...

Overstreet, um psicólogo americano de renome mundial, escreve: «Pavlov forneceu-nos uma revelação: mostrou-nos de que maneira – através desse condicionamento – inúmeras pessoas crescem para a vida adulta sem se tornarem psicologicamente maduras»[2]. Evidentemente,

---

(2) H.A. Overstreet, *A maturidade mental*, Nacional, São Paulo, 1967, págs. 17-18.

## A MATURIDADE

nenhum homem pode ser inteiramente «programado», como se fosse um «robô» desprovido de liberdade, mas não me parece ousadia nenhuma dizer que, no clima cultural da nossa sociedade de consumo, existem fortes condicionantes que tornaram a imaturidade um fenômeno «globalizado». A propaganda maciça, persistente, persuasiva, tecnicamente sofisticada, condiciona a comprar, a gastar, apelando para as motivações e as paixões mais primárias: o amor, o prazer, o conforto, a ânsia de sucesso, de *status*. «Para ser feliz é necessário comprar o carro de marca X ou o celular de marca Y»; «Para subir de nível social é necessário morar no condomínio tal...»; «Não seja ridículo, brega, velhote: use a grife Z, que está na crista da onda...»

Tais apelos criam uma verdadeira «compulsão de compra». Pude observar em muitas ocasiões como as pessoas – mesmo católicos bem formados e alertados continuamente para a tentação do consumismo vazio – são incapazes de superar este condicionamento. Gastam, gastam e gastam...; gastam até o que não têm... E usam os cheques «especiais» e os cartões de crédito... E continuam gastando.

Esta falta total de domínio próprio faz-nos perguntar: onde estão os homens e as mulheres ponderados, que não se deixam viciar por determinados programas de televisão apelativos? Onde os homens que pensam por conta própria e não se deixam condicionar pela pornografia, veículo «insubstituível» da propaganda consumista? Onde as mulheres elegantes, que sabem prescindir das imposições de uma moda cada vez mais sensual? E os intelectuais e professores comprometidos com a verdade, que sabem prescindir dos jargões pedidos de empréstimo ao «pensamento dominante» ou ao «politicamente correto»? E os universitários que seguem os ditames da vocação profissional mais profunda, superando o «reflexo condicionado» provocado pelo chamariz do dinheiro? Onde é que estão? Há uma massificação da imaturidade que exige de cada um de nós uma posição vertical, ereta: trata-se de defender a nossa dignidade humana, sem permitir que as nossas características existenciais sejam condicionadas como uma simples secreção glandular ao toque da campainha dos «imperativos» sociais.

## O filme da nossa época

Acabamos de apresentar um quadro que talvez possa parecer um tanto redutivo. Graças a Deus, há luzes nesse quadro. A época em que vivemos está ao mesmo tempo permeada de valores humanos de alta qualidade. Não faltam indícios de mudanças no sentido da maturidade. Entre eles, podemos assinalar alguns mais significativos: o formalismo de costumes e o racionalismo intelectual herdados do século XIX, que estavam já num acentuado processo de necrose, vêm sendo superados por uma atitude mais espontânea, menos «engessada»; há um cansaço dos convencionalismos hipócritas de uma sociedade aparentemente puritana, mas que estava apodrecendo por dentro e pedia mais do que nunca uma maior «transparência» e sinceridade no comportamento individual, nas relações sociais e na administração pública; o fervilhar de iniciativas de voluntariado vem demonstrando que não faltam manifestações de solidariedade social, e está ganhando espaço o respeito à natureza, impulsionado pelos movimentos ecológicos, mesmo à custa de

# A MATURIDADE

alguns excessos... Marca igualmente uma forte presença a *sede de sentido*, a *fome de transcendência*, a procura de valores humanos e religiosos, como transparece claramente nessas concentrações oceânicas de jovens em Denver, Paris, Tor Vergata, Toronto, em torno de um Papa que não lhes falava precisamente de uma vida fácil...

É preciso reconhecer, no entanto, que sofremos a pesada carga de uma cultura extremamente superficial e egocêntrica, carente de valores humanos fundamentais, com traços típicos de uma imaturidade social e individual de vastas proporções. Como característica central dessa cultura, assinalaria o *subjetivismo*, tão característico do século XX, e que foi derivando para uma visão egoísta e doentia da vida, até chegar «ao entrincheiramento de cada um num individualismo atroz»[3].

Qual é, com efeito, a medida, o critério de que se vale o homem médio da nossa civilização para analisar as coisas? Serão os valores humanos ou éticos – a honra, a coragem ou a sinceridade? Ordinariamente, não. O referencial é antes o que quer que venha a satisfazer os desejos subjetivos, e não o que esteja de acordo com determinados princípios de caráter objetivo.

Essa atitude dá lugar a três fenômenos típicos do início do terceiro milênio, e que constituem ao mesmo tempo os sintomas concretos do tipo de imaturidade próprio desta época: o *hedonismo permissivista*, o *relativismo moral* e a *frivolidade existencial*. Todos eles alinhavados por um *materialismo prático*, que valoriza a pessoa de acordo com o saldo da sua conta bancária.

---

(3) E. Rojas, *El hombre light*, 13ª ed., Temas de Hoy, Madri, 1997, pág. 41.

O *hedonismo*, o prazer conseguido a todo custo como lei máxima de todo comportamento, está inevitavelmente vinculado à *permissividade*, isto é, à submissão irrestrita a tudo o que for agradável. Há como que uma dependência do *prazer imediato* – «Tomar AGORA! Essa é a real», diz a propaganda de um conhecido refrigerante; «EXPERIMENTA! EXPERIMENTA! EXPERIMENTA!», é o slogan que gritam em coro aos ouvidos de quem reluta em provar uma nova marca de cerveja –, e está-se disposto a qualquer concessão para consegui-lo. Mergulhar no imediato e no novidadeiro parece um *reflexo condicionado* da nossa época.

É bem sabido que este é um dos sinais indefectíveis da imaturidade: a criança quer o que é bonito, o que se apresenta como vistoso ou inédito aos seus olhos, o que dá um prazer novo... E o quer «agora», não pode esperar... Como o adulto não pode esperar a compra do carro e recorre a créditos de juros altíssimos, mesmo sabendo que compromete a sua tranquilidade por meses e meses...

Quantos não terão de reconhecer que, ultrapassados já os trinta anos, continuam a exclamar como quando tinham cinco: «Quero o micro-ondas já!»; «Quero o celular já! Não dá para esperar: é para comprar já»; «O *notebook* (de última geração, claro) já era para estar nas minhas mãos *ontem*!...»

Como filho natural desse fenômeno, nasce, semelhante a um novo código de ética, o *relativismo moral*: os juízos de valor não obedecem a um critério permanente, o comportamento é bom ou mau em função das circunstâncias, do ponto de vista pessoal, da opinião majoritária... Não se procura viver e proclamar a verdade, mas relativizar a verdade para que sirva às nossas conveniências e aos

# A MATURIDADE

nossos desejos. O homem de hoje perdeu a bússola que marca o norte objetivo, orienta-se na direção do vento que sopra mais forte: é um cata-vento, uma *biruta*.

O crepúsculo dos valores é um dos dramas contemporâneos. Neste sentido, Enrique Rojas, catedrático de psiquiatria da Universidade de Madri e analista incisivo do nosso tempo, observa: «O homem de hoje – em não pequena medida – não sabe para onde vai; está perdido, sem rumo, desnorteado. Temos dois exemplos claros: nos jovens, a droga, e nos adultos, as rupturas conjugais. Ambos os aspectos nos colocam diante da fragilidade existente nos nossos dias»[4].

Como faltam os valores, faltam também os *compromissos*. Os compromissos representam estabilidade; os desejos levam à versatilidade. Os desejos, como as sensações, variam de acordo com o estado de ânimo, a situação orgânica, as secreções hormonais... É por isso que uma instituição que exige estabilidade, como a família – o amor conjugal e a educação dos filhos – fica muitas vezes na dependência de uma inclinação momentânea: «Já não gosto da minha esposa; apaixonei-me por outra mulher...» E algo tão sagrado como a felicidade da família, do cônjuge e dos filhos, passa a subordinar-se a caprichos biológicos ou veleidades temperamentais.

Assim a vida vai se tornando superficial, sem profundidade: desliza pela rampa da *frivolidade*. «No homem essencialmente frívolo, não há questionamentos ideológicos nem inquietações culturais – diz-nos Rojas –. Quais são as suas principais motivações? Todas aquelas

---

(4) *Idem*, pág. 30.

que correspondem ao que Gilles Lipovetsky denominava o *império do efêmero*. Uma sociedade dominada pela frivolidade não é capaz de estabelecer sistemas, teorias ou esquemas possíveis para a vida. A regra de ouro é a *superficialidade*»[5].

E não pensemos que frívolo e superficial é apenas o *golden boy* surfista ou frequentador de festas *rave*; frívolo e superficial é também aquele seriíssimo sr. advogado, financista ou engenheiro cujas preocupações nunca saem da órbita do dinheiro, e nunca são capazes de se erguer para a esfera das grandes questões verdadeiramente humanas. «As universidades – diz Warren Bennis – estão preparando multidões de especialistas míopes que podem ser magos para ganhar dinheiro, mas que, como pessoas, são imaturas, inacabadas. Estes especialistas foram ensinados a *fazer*, mas não chegaram a aprender como *ser*»[6].

Já não se procura *ser* cada vez mais em profundidade, mas *fazer* com um proveito pessoal cada vez maior... Já não se procura o que é verdadeiro, mas o que é lucrativo ou dá maiores comodidades. Em consequência, permite-se às atuais técnicas de comunicação manipular as pessoas de uma forma assustadora. A televisão, os vídeos e a internet parecem ser o único alimento intelectual de muitos, transformando-se numa espécie de «chupeta para adultos» que cria dependência, insufla desejos e caprichos... E o homem moderno torna-se um adulto-adolescente, manipulado nas suas ideias e desejos, recluído nos seus sonhos, perdido no corre-corre de um ativismo sem fim, e fadado irremissivelmente à frustra-

---

(5) *Idem*, pág. 54.
(6) W. Bennis, *Como llegar a ser líder*, Normal, Barcelona, 1990, pág. 67.

# A MATURIDADE

ção: a sua pátria são os seus desejos e a sua tessitura anímica, a imaturidade.

Embora quase se tenha conseguido banir da atmosfera cultural as questões eternas – «De onde venho? Para onde vou? Qual é o sentido da minha vida?» –, não foi possível, nem nunca o será, extirpá-las dos corações humanos. A resposta para essas perguntas não é dada nem pela pseudoerudição que tão facilmente se consegue «via internet» nem pelo fetiche tantas vezes invocado da «opinião pública». E quando não encontra essa resposta, o ser humano racional – que está sempre, consciente ou inconscientemente, à procura de uma *razão de ser* – fica angustiado. Daí que a *depressão* resultante da *angústia existencial*, esse fenômeno tão característico de fins do século XX e começos do XXI, seja em grande parte fruto daquilo a que Hans Magnus Enzensberger denomina a *mediocridade de um novo analfabetismo*[7].

Este quadro negativo da imaturidade cultural não é, volto a insistir, uma radiografia completa da nossa sociedade. Os indícios de maturidade que apontamos acima representam certamente uma reação no sentido de um desejo autêntico, de fome e sede por valores sólidos, por critérios morais firmes e objetivos e por uma superação do infantilismo hedonista. É preciso fomentá-los e fortalecê-los; mas, acima de tudo, é preciso ancorá-los nos valores eternos – Deus e tudo aquilo que a fé profunda traz consigo: a paz, a segurança, a certeza de estarmos caminhando para a nossa felicidade –, que são como que o norte, a bússola, a rocha forte sobre a qual se há de erguer a maturidade plena.

---

(7) Cit. por E. Rojas, *El hombre light*, pág. 48.

# O PERFIL DA MATURIDADE

## Da infância à adolescência

Antes de mais nada, comecemos por examinar a infância e a adolescência, fases iniciais da vida humana, para traçar a partir delas os perfis da personalidade imatura e, por contraste, desenhar com mais nitidez a maturidade como qualidade da alma[1].

A criança desperta para o mundo que a rodeia emergindo do reduzido âmbito das sensações circunscritas ao aconchego da mãe e à sua imaginação sensitiva. Pouco a pouco, vai aprendendo a distinguir as coisas e a estabelecer a conexão entre causa e efeito. Mas logo começa a manifestar uma espécie de *egoísmo instintivo*... Tudo quer para

---

(1) Neste estudo, valemo-nos amplamente das considerações de R. Guardini, em *As idades da vida*, Quadrante, São Paulo, 1990.

# A MATURIDADE

si, tudo quer levar à boca, em tudo quer mexer... Briga com outras crianças porque quer o brinquedo delas, faz cenas porque o irmãozinho recebe comida e ela não...

Há também uma espécie de *comodismo primário* (não querer sair do «ninho») e de autoritarismo ditatorial: a criança quer tudo e quer «já», e, se não o consegue, vinga-se com choros e berros que irritam os pais e que são armas eficacíssimas para vencer as suas «batalhas» de miniconquistador. Aprende também – não se sabe como – as manhas da dissimulação e a assombrosa arte de fingir: torna-se ingenuamente astuto, ainda que seja apenas um bebezinho encantador.

Essa *esfera infantil* vai-se abrindo devagar para um mundo mais amplo. Contudo, como já vimos, existem jovens que, por razões múltiplas e complexas, não conseguem superar esse universo fechado e ficam marcados – talvez para sempre – com as sequelas de um egoísmo e comodismo inveterados. Se não se intervém com uma pedagogia adequada, vão-se fazendo mais acentuadas algumas das inclinações que já se esboçavam na criança: o desejo de ser o centro das atenções, as invejas e ciúmes, o afã de dominar, de valorizar-se. E quando a pessoa chega à *adolescência*, essas tendências não dominadas inclinam-na imperiosamente para a *autoafirmação* individualista e a *desconfiança* perante a opinião dos mais velhos, unida à *rebeldia* que pretende impor o seu ponto de vista.

Motivados pelo desejo de se tornarem independentes – uma pessoa «maior», um «adulto» –, o rapaz ou a moça adolescentes precisam fingir uma segurança e uma experiência que não têm e, para tanto, põem-se a desenvolver e aperfeiçoar a arte da dissimulação, essa capacidade de se promover, de contar vantagem... Abre-se um *âmbito secreto* onde, com a imaginação, ele ou ela se vão convertendo em reis, conquistadores, líderes triunfadores... Esta atitude termina por criar um verdadeiro abismo entre o que a pessoa imagina ser e o que de fato é. Desproporção que ela transpõe desempenhando determinados papéis teatrais ou confeccionando máscaras capazes de encobrir as suas falhas, carências e incapacidades.

Neste panorama, forma um capítulo à parte a vida sexual, que adquire tonalidades muito íntimas e reservadas, abertas a namoros impossíveis com as mais belas figuras da televisão e do cinema, a romances eróticos mais exuberantes e epopeicos... O mesmo se poderia dizer dos êxitos profissionais, das grandes realizações sociais, poéticas, artísticas ou esportivas... Os sonhos tornam-se mais reais do que a própria realidade.

*Falta objetividade.* Os sentimentos do adolescente e, em certa medida, do jovem carecem de toda relação com aquilo que o circunda. Os seus trabalhos são os trabalhos de Hércules; as suas viagens, as de Ulisses; os seus romances, os de Tristão e Isolda; os seus namoros, os de Romeu e Julieta... E nesse mundo singular, revestem-se de importância capital os impulsos sensitivos. A força vital parece adquirir dimensões ilimitadas: sente-se a capacidade de ser tudo e de poder tudo.

É preciso sublinhar neste panorama um aspecto importante: *falta experiência e sobra vitalidade.* A energia vital, a força dos sonhos e ideais não traz consigo um conhecimento experimental suficiente para discernir se existe realmente capacidade para a realização desses sonhos e ideais: falta um aprendizado que permita a concatenação

# A MATURIDADE

eficiente entre causas e efeitos. Esta situação gera uma *insegurança* muito grande, que se tenta encobrir, como dizíamos, com teatralidades, quixotismos e invenções.

Os impulsos da vitalidade juvenil fazem ver como plausíveis – ao alcance da mão – empreendimentos que exigiriam um caráter formado, uma tenacidade e uma experiência ainda não assimiladas. Ao mesmo tempo, o rapaz ou a moça não têm a humildade suficiente para pedir ajuda e conselho, para apoiar-se na experiência dos mais velhos; essa *falta de humildade* é uma nota característica da falta de maturidade. A pessoa carece do saber necessário para realizar os seus projetos e, ao mesmo tempo, esbanja autossuficiência. Ainda não conseguiu o equilíbrio necessário para discernir até que ponto pode ousar, atrever-se a agir sozinho, e em que medida deve pedir conselho e aproveitar as iniciativas e ajudas alheias.

Essa ausência de equilíbrio inclina geralmente a pensar de forma absoluta e radical: as coisas ou são «brancas» ou são «pretas»... Falta ao jovem o sentido da medida, da gradação, da ponderação, do justo meio entre dois extremos, características tão próprias de uma pessoa madura.

Quando se torna um jovem adulto, sem muita experiência mas com muita vitalidade, a pessoa sofre ao verificar que a realidade da vida profissional, social e política que ela talvez pretendesse modificar oferece muito mais resistência do que pensava. Ainda não experimentou até que ponto o egoísmo, o descaso, a vaidade, a inveja e a estupidez são fortes no ser humano e como são necessários esforços colossais para obter resultados precários. Não consegue, enfim, calibrar o alto valor que tem a virtude da *paciência*.

Se não chega a assimilar esta ciência, o jovem, à força de

acumular fracassos e frustrações, pode desembocar em um de dois becos sem saída: por um lado, um *ceticismo resignado* que o impede de assumir compromissos e o leva a encarar tudo negativamente – a ter uma vida sem ideal, sem direção e sem fé –; ou, por outro, a condição de um *eterno revolucionário*, empenhado em reformar o mundo inteiro... com exclusão de si mesmo. Os falsos revolucionários – não aqueles que promovem autênticas transformações na direção da justiça e da paz – são sempre uns imaturos.

## O perfil da imaturidade e o da maturidade

Retomemos rapidamente algumas pinceladas significativas da situação vital da adolescência e da juventude que acabamos de delinear, a fim de esboçar com clareza o perfil fundamental da imaturidade:

– a autoafirmação individualista;

– o contraste entre a exuberância vital e a minguada experiência;

– a preponderância dos impulsos sobre as ideias e as convicções;

– a instabilidade emocional;

– a falta de avaliação objetiva da realidade;

– a desproporção entre o muito que se deseja e o pouco que se é capaz de realizar;

– a ausência de equilíbrio para discernir quando deve ousar e agir sozinho e quando valer-se da experiência dos outros;

– a carência de ponderação para encontrar o justo meio entre dois extremos;

# A MATURIDADE

– a incapacidade de definir valores e de comprometer-se com eles;
– a falta de paciência e a afobação;
– a carência de solidariedade e de sentido de responsabilidade.

Neste diagnóstico, aparecem nitidamente os principais traços da personalidade imatura. Numa pessoa normal, essas características são ultrapassadas, deixando atrás de si uma bagagem enriquecedora, e delas aflora o perfil de alguém que se pode verdadeiramente dizer um homem ou uma mulher maduros.

Nestes, consolidou-se o que se costuma denominar *caráter*, e que possui como traços definitórios:

– a firmeza interior da pessoa;
– a fusão harmônica entre o pensar, o sentir, o querer e o agir;
– a segurança e a serenidade no viver;
– a tomada de consciência das próprias limitações, do caráter reduzido das próprias energias, da índole transitória da vida humana;
– a compreensão do esforço que exige iniciar uma obra, dar-lhe continuidade e terminá-la cabalmente;
– a capacidade de domesticar os impulsos para convertê-los em virtudes;
– o conhecimento objetivo e profundo das outras pessoas, das suas verdadeiras qualidades e também das suas carências, preguiças e desleixos, deslealdades e insinceridades, máscaras e teatralidades...;
– a abertura para os outros e a firme decisão de transformar a vida num serviço a todos.

Esses homens e mulheres maduros com certeza já terão sentido os efeitos das luzes e sombras da rotina, a sensação de que a vida cotidiana oferece poucas novidades autênticas. Não será difícil que tenham experimentado o fracasso, a decepção e um pouco daquilo a que os antigos chamavam *taedium vitae*, «o tédio, o desgosto diante da vida»... Todavia, tudo isso, ao invés de desanimá-los, tornou-lhes a visão mais perspicaz. Sem perderem o otimismo e a fé no homem, fizeram-se mais prudentes e cautelosos...

Vão-se desenhando assim os contornos da ciência do viver maduro. Delineia-se deste modo a personalidade diante da qual se pode dizer: «É toda uma mulher; é todo um homem. Uma mulher e um homem no sentido cabal da palavra, capazes de inspirar confiança... Uma mulher e um homem maduros».

# PARA CRESCER EM MATURIDADE

## *A capacidade de assimilar as próprias experiências*

Para examinarmos já com mais detalhe as características que acabamos de enumerar, comecemos pela *capacidade de assimilar as próprias experiências*, que representa talvez o princípio do caminho que conduz a uma personalidade madura. A criança e o adolescente «não têm passado», «não têm história»: as suas biografias ainda estão no primeiro capítulo. Não aprenderam as lições da vida. Não frequentaram ainda diuturnamente as aulas ministradas na Universidade da Vida, na Cátedra da História – *magistra vitae*, «mestra da vida», segundo Cícero. «O ensinamento do tempo que já vivemos – escreve Rui Barbosa – é o *mestre dos mestres*, o *grande maturador*»[1].

A História é o insubstituível reservatório de experiên-

_____

(1) Cit. por L. Freire, *Dicionário da Língua Portuguesa*, A Noite, Rio de Janeiro, 1939-1943, vol. V, pág. 3352, vocábulo «Maturador».

# A MATURIDADE

cias do passado. Não falta quem aponte que Hitler não teria cometido o erro de entrar no coração da Rússia, onde sofreu a sua derrota fatal, se tivesse estudado a fundo o desastre sofrido pela *Grande Armée* de Napoleão Bonaparte. Da mesma forma, muitos não teriam se deixado levar pela tentação da intemperança se tivessem aprofundado no episódio de Esaú, que vendeu a sua primogenitura por um prato de lentilhas, ou não teriam perdido a força espiritual se tivessem prestado atenção ao percalço do fortíssimo Sansão, vencido duas e três vezes pelos encantos de Dalila.

Há, no entanto, pessoas que caem em erros semelhantes, mas por algo mais grave e indesculpável: por não saberem assimilar as suas *próprias experiências*, por não saberem ler o livro de sua própria vida. Esses são os imaturos.

George Eickhoff descreveu a História humana como «um diálogo entre vivos e mortos»[2]. Eu acrescentaria que a história individual de cada um de nós vai se construindo ao compasso de um diálogo entre a criança e o adolescente que já fomos e o adulto em que hoje nos convertemos. A criança e o adolescente vão contando ao adulto a história dos seus primeiros anos, vão-lhe dizendo muitas e muitas coisas: «Lembre-se de como foi boa para você a dedicação carinhosa de seus pais; de como foram ruins aqueles gestos de egoísmo para com os seus irmãos, que geraram tantas brigas e discussões...; recorde-se daquelas decisões de generosidade para com Deus que abriram novos roteiros e alegrias para a sua vida...; daquelas atitudes de desleixo e de preguiça que acarretaram desgostos e fracassos

---

(2) Cit. por I. Fernández, «La función social de la historia», em *Istmo*, jul/ago de 2002, pág. 41.

nos estudos...; daquela conduta imprudente e impensada que provocou aquele acidente doloroso...» E deste modo a nossa história pessoal – a memória que evoca o passado – vai-nos ensinando as suas riquíssimas lições.

Os imaturos, que podem muito bem ter cinquenta e sete anos, não sabem escutar essas vozes do passado, não sabem ler o livro das suas próprias vidas. Unamuno, no seu *Diário íntimo*, diz que para adquirir maturidade «é preciso viver recolhendo o passado, guardando a sequência do tempo, vivendo o presente, ilustrado com a riqueza do passado, como um verdadeiro progresso e não como um mero processo. [...] Não podemos mover-nos como a terra na sua órbita, que perde a posição passada para entrar em uma nova sem deixar um sedimento de sabedoria»[3].

Oliver Sacks é, neste sentido, bem expressivo: «Cada um de nós é uma biografia, uma narrativa singular, construída contínua e inconscientemente por nós mesmos... Cada um de nós é único. Para sermos nós mesmos, devemos possuir a nossa história, rememorar o nosso drama interior. O homem precisa desta narrativa interna para manter a sua identidade, o seu próprio eu»[4].

## Memória e vida

A condição para termos uma história pessoal e com ela construirmos a nossa identidade é a de termos uma profunda e acurada *memória*.

---

(3) M. de Unamuno, *Diário íntimo*, Alianza, Madri, 1979, págs. 91-95.

(4) O. Sacks, *O homem que confundiu sua mulher com um chapéu*, Imago, Rio de Janeiro, 1985, pág. 58.

# A MATURIDADE

A memória racional é uma faculdade que serve para algo mais do que ter presentes dados, nomes, acontecimentos, números e fórmulas..., coisas que nos são tão úteis nos nossos estudos. A memória tem uma função superior, que é a de ir consolidando a nossa personalidade, aglutinando experiências, extraindo delas, paulatinamente, critérios mais aprimorados para o nosso pleno desenvolvimento.

É interessante observar que os gregos fizeram da memória – *mnemósine* – uma musa, uma divindade. Jean-Pierre Vernant escreve sugestivamente que, se para os gregos olhar para Medusa acarretava a morte, fixar-se em Mnemósine trazia consigo algo parecido com a imortalidade. A memória escapa ao tempo e ao seu inexorável fluir, e assim, de alguma forma, nos eterniza[5].

George Steiner, um dos maiores estudiosos contemporâneos da cultura europeia, afirma que a memória é o «marca-passo» do crescimento pessoal e da integração vital da nossa identidade. O que a memória aprende é integrado na nossa experiência e constitui o *lastro do eu*. O que se assimila «de cor» – de coração –, o que se incorpora à experiência pessoal, vem a representar como que o sedimento da personalidade[6]. Para quem vai a caminho de adquirir ou fortalecer a maturidade, a memória constitui uma fonte perene de ensinamentos e um «arrastão» de experiências que o vai aproximando da plenitude do seu ser.

O homem imaturo caracteriza-se por não ter memó-

---

(5) Cf. J.P. Vernant, *Entre o mito e a política*, EDUSP, São Paulo, 2001, págs. 61-62 e 66-67.

(6) Cf. G. Steiner, *Presencias Reales*, Destino, Barcelona, 1989, págs. 22-24.

ria, ao menos neste sentido mais profundo do termo. Em consequência, a imaturidade traz consigo a melancólica sensação de «ir vivendo», de «ir gastando a vida» submerso por completo na corrente do tempo: são vidas desconexas em que o passado se apaga, tanto nas experiências boas como sobretudo nas negativas, que só deixam um lastro amargo do qual não se tira nenhum proveito. Falta-lhes, em consequência, o rumo, a direção, a tomada de consciência fundamental de estarem construindo a própria felicidade permanente, a jubilosa certeza de caminharem para a realização definitiva. Esta certeza, que no cristão se transforma em esperança do céu e da vida eterna, é o que confere aos santos – os amigos de Deus – o seu sereno entusiasmo.

A natureza irracional tem a sua memória sensitiva; os animais nunca esquecem os acidentes que sofreram, nunca caem duas vezes no mesmo buraco, nunca tropeçam no mesmo lugar, nunca voltam a comer qualquer alimento que os tenha prejudicado. Às vezes, penso que, neste sentido, são mais inteligentes que os homens. Nós esquecemos as falhas que cometemos, seja porque nos falta espírito de reflexão, seja porque nos falta sentido de humildade: como essas falhas ferem a nossa sensibilidade e o nosso orgulho, recusamo-nos a tomar consciência delas. É por isso que os nossos percalços se tornam tão reiterativos.

Há pessoas que foram dispensadas três, quatro vezes consecutivas do emprego, e no entanto a culpa – segundo elas – sempre é dos diversos chefes, intransigentes demais; da automação industrial; do enxugamento de custos por parte da empresa, que os substituiu por profissionais mais novos e mais «baratos»... Não será que estão apenas ilu-

# A MATURIDADE

dindo a consciência, fugindo da verdade? Não será que o verdadeiro motivo é que são extremamente desorganizados no trabalho, ou demonstram pouco empenho – não «vestem a camisa» –, ou não se adaptam ao trabalho em equipe? Mas então, por que parecem cegos, incapazes de reconhecer essa realidade?

O mesmo pode acontecer no relacionamento pessoal, no namoro e no próprio casamento... Entre os que se separam, a cantilena é unânime: «A culpa foi dela... Ela nunca me aceitou...», ou «A culpa foi dele... Ele nunca me compreendeu...» Quase ninguém vai examinar a consciência e procurar as falhas e culpas pessoais. E o resultado é que no próximo «casamento» voltarão a aparecer os mesmos problemas, as mesmas brigas, as mesmas dificuldades.

Com quanta frequência verificamos essa verdade! Como é importante ganharmos o hábito de julgar objetivamente o nosso comportamento passado, com a mesma acuidade e boa memória que reservamos para os defeitos alheios! Se adquiríssemos essa qualidade, em breve tempo veríamos operar-se uma autêntica revolução no nosso modo de ser; conseguiríamos superar muitos defeitos e alcançar não poucas metas nas quais antes fracassávamos.

Recordo-me agora de um amigo que tinha direção espiritual comigo. Um bom engenheiro, gordinho, com o seu bigode sempre bem aparado.

– Como mudei! – dizia-me –. Antes, tudo me preocupava. Especialmente – não sei por quê – depois de ver aquele filme da bomba atômica, *The Day After*, sempre pensava o que aconteceria comigo se perdesse o emprego, como ficaria a minha família se eu ficasse doente... Segui então o seu conselho: depois do trabalho, recolho-me numa igreja silenciosa que há perto de casa. Lá, ponho-

-me diante do sacrário e examino o meu dia diante de Deus; a seguir, peço-lhe perdão pelo que fiz mal e digo-lhe: «Senhor, agora estou diante de ti como uma tela branca diante do pintor. Aqui estou, Senhor, para o que der e vier, disposto a que faças de mim o que quiseres». Agora sou outro homem. A vida ficou mais tranquila, mais gostosa. Tem um bom tempero. Espero – continuou, sorrindo – que o senhor não exija de mim que faça um regime muito severo...

## Traumas salutares

O que acabamos de dizer a respeito dos nossos erros em geral aplica-se muito especialmente aos nossos pecados. Há quem assuma uma atitude frívola que os faz dizer com uma leviandade aterradora: «Tudo bem», «Esqueça», «Vá em frente», «Não tem importância». Outros têm apenas um arrependimento muito superficial, com o qual pretendem conseguir uma certa «tranquilidade de consciência» – a sensação de «estarem quites» com Deus –, uma espécie de equilíbrio interior que, assim esperam, os estabilizará e lhes dará paz.

Ora, o pecado representa, sem dúvida, uma mancha na nossa dignidade que nos humilha e tira a paz, mas é sobretudo uma ofensa a Deus. Quando o nosso arrependimento não é uma consequência da dor por termos magoado, e muitas vezes gravemente, Alguém que nos ama como Pai afetuosíssimo que é, esse arrependimento é superficial, pouco firme e, no fim das contas, inócuo. É por esta razão que caímos reiteradamente nos mesmos pecados.

# A MATURIDADE

Quando verdadeiramente há *contrição* – dor de amor –, o pecado não se repete. Isto é algo que podemos entender também pela repercussão que uma dor verdadeiramente profunda causa no mais íntimo de nós, ativada por um mecanismo psicológico da nossa natureza que na linguagem comum denominamos *trauma*.

Sempre senti certa resistência a dar importância a essa expressão. Quando de alguém se dizia que tinha *trauma* de guerra, *trauma* de avião, de bala perdida, parecia-me que seria preciso antes considerar aquilo uma manifestação de medo ou fraqueza. Um dia, porém, vim a entender o que realmente implicava um trauma, quando o sofri na minha própria carne. Num jogo de futebol, tive um acidente tão sério que, ao levantar a perna do chão, pensei que tivesse sido decepada. Ficou, com efeito, torcida para trás, com a tíbia e o perônio fraturados. A operação que se seguiu – puseram-me um pino e um parafuso – foi realmente *traumática*.

Essa experiência fez com que já não pudesse ver uma entrada violenta no futebol, ou uma queda na prática de qualquer esporte, sem sentir verdadeiros arrepios. Ainda me lembro do que aconteceu quando voltei a jogar no mesmo campo onde tinha acontecido o acidente: não conseguia mexer-me à vontade, entrava atemorizado, *traumatizado*.

Esse acidente ajudou-me a compreender todo tipo de *trauma*: compreendi por que as pessoas têm aversão ou medo de determinados ambientes, situações, circunstâncias e atitudes... E entendi também que o pecado deveria igualmente provocar um *trauma* próprio, específico: se meditássemos *realmente* nas consequências dos *nossos* pecados pessoais – se meditássemos em que o próprio

Deus se fez homem para sofrer a sangrenta e ignominiosa morte na Cruz, assumindo Ele a responsabilidade pelos nossos desvarios –, deveríamos sentir diante deles uma aversão verdadeiramente traumática.

Não faz muito tempo, um prestigioso profissional do Rio abriu-me o seu coração para contar algo que lhe pesava muito na consciência. Era um bom católico, casado fazia vinte anos, com três filhos que o admiravam muito. Amava a esposa. Por um descuido, motivado pela sua vaidade masculina – queria verificar se ainda tinha atrativos e capacidade de conquista –, cometeu uma infidelidade.

No dia seguinte, quando acordou, compreendeu as dimensões do seu pecado. Fez uma longa meditação em que interiorizou o seu erro até experimentar toda a sua podridão: era uma traição, uma autêntica traição. Pensava: «E agora, com que cara vou olhar para a minha mulher e os meus filhos? Como conseguirei rezar? Comportei-me como um canalha!» Sentiu náusea de si mesmo. Confessou-se.

Meses depois, encontrou-se com a mesma moça com quem tivera o deslize num congresso que se realizava fora do Rio de Janeiro. Ela o procurou. Pediu-lhe que ficasse com ela no hotel em que se realizava o congresso. «Naquele momento – comentava ele ao lembrar-me da "canalhada" que havia feito e da dor que tinha experimentado depois de me enlamear daquela maneira, e voltando a sentir o cheiro nojento daquela podridão, peguei as malas e voltei imediatamente para o Rio». Dizia-me que não suportaria outra vez o trauma do *day after*. Quanto bem causou àquele bom pai de família a meditação e a confissão que tinha feito!

Como esse homem reto, temos de ter a coragem de

# A MATURIDADE

rever o filme do nosso passado e, quando necessário, parar em determinadas cenas especialmente vergonhosas e dizer a nós mesmos: «Nunca mais!» E dizê-lo a Deus, que é Aquele a quem nós realmente enxovalhamos com as nossas menores infidelidades.

## Aprender a meditar

Reincidimos nos nossos erros e pecados, dizíamos, porque não sabemos ponderá-los na sua verdadeira dimensão. *Ponderar*, meditar, é dar a cada acontecimento o seu devido peso – *pondus*, em latim significa peso – e agir em consequência. Ponderar os acontecimentos é dar aos êxitos e aos fracassos, aos percalços, às contrariedades e aos triunfos, o valor que eles realmente têm e merecem. É lembrar-se, gravá-los bem no coração, e depois *refletir* sobre eles com regularidade: quase diria «ruminá-los», como o boi rumina o seu alimento.

E não pensemos que para isto é necessário ter um modo de ser introspectivo, meditabundo... O que é preciso é separar alguns minutos todos os dias para dedicá-los a repassar os acontecimentos da nossa vida, as nossas reações sentimentais e afetivas, os problemas que estamos enfrentando, as dificuldades por que passamos... Ou seja, precisamos dedicar um tempo diário à *meditação*.

As correrias do dia a dia farão com que muitas vezes tenhamos a impressão de não dispor desse tempo, ou de que é melhor adiá-lo para «um momento mais oportuno». Seria um erro grave, pois é precisamente a falta dessa reflexão que torna os nossos dias tão atabalhoados e incoerentes: numa palavra, tão imaturos. Voltamos a cometer os mesmos erros de sempre, precisamente por causa dos velhos caprichos e manias ainda não suficientemente reconhecidos.

Será muito conveniente fazer essa ponderação do nosso dia e da nossa vida *diante de Deus*, isto é, transformar a meditação em oração, diálogo com o Senhor. «À luz da lamparina do sacrário, dizia alguém, enxergamos com muito mais clareza as nossas faltas e pecados». A luz que pedirmos ao Senhor – e que Ele não deixará de nos conceder – ajudar-nos-á a ter objetividade para discernir os nossos erros e a humilde serenidade necessária para aceitá-los, bem como o amor de que precisamos para arrepender-nos verdadeiramente, que é sinal inequívoco de um progresso na direção da maturidade. Assim ganharemos *profundidade* humana e sobrenatural.

Nossa Senhora representa neste sentido um exemplo inigualável. No momento da Anunciação, deveria ter apenas uns quinze ou dezesseis anos, mas todo o seu comportamento depois da Encarnação, e igualmente a forma como se expressa no *Magnificat* – o hino que profere diante de sua prima Santa Isabel – revelam uma maturidade ímpar. Em duas passagens do Evangelho encontramos um indício da fonte dessa maturidade: por ocasião do nascimento de Cristo, São Lucas diz-nos que *Maria guardava tudo isso e meditava-o no seu coração* (Lc 2, 19); e, quando o Menino de doze anos se perde dos pais em Jerusalém e é por eles reencontrado no Templo, o mesmo Evangelista acrescenta de modo significativo que *Maria conservava tudo isto em seu coração* (Lc 2, 50).

Admirável exemplo cuja trilha todos nós deveríamos percorrer. Maria, como *mestra de oração*, é também *doutora em maturidade*. Quando sabemos, como Maria – aju-

# A MATURIDADE

dados pela graça de Deus –, ponderar na oração o nosso passado remoto e recente, de ontem, porque nos olhamos e olhamos os nossos atos com os olhos de Deus, assimilamos um verdadeiro tratado dessa *ciência* da vida, dessa *sabedoria* que constatamos em algumas pessoas muito jovens, muito santas e muito maduras.

## Viver de convicções, superando impulsos

As crianças e os adolescentes, como vimos, têm como característica comum o fato de se orientarem pelo que é mais atrativo e gostoso, mais chamativo e cativante: as cores, as músicas, as imagens, os prazeres, as diversões... Ainda não superaram o primitivo universo das sensações. Há uma imagem que sempre me vem à cabeça e que representa muito bem essa atitude impulsiva: a de uma criança correndo atrás de uma borboleta. O ritmo da sua vida é o ritmo da borboleta.

Na pessoa imatura, contam demasiado os impulsos superficiais e intermitentes do temperamento, das paixões ou instintos. Sente-se movida pelos chamarizes mais fortes e coloridos. Influem marcadamente nela as circunstâncias ambientais como o calor e o frio ou os estados de ânimo: as alegrias passageiras, as tristezas, as saudades, o cansaço e a preguiça. É arrastada com força pelos atrativos físicos, pelas atividades, pelas ideias e projetos brilhantes... Entusiasma-se ou cai na depressão em decorrência do êxito ou do fracasso, da estima recebida ou do descaso... O seu comportamento não se pauta pelas decisões interiores, mas pelas borboleteantes circunstâncias exteriores.

Ortega y Gasset sintetizava o seu pensamento historicista nesta frase: «Eu sou eu e as minhas circunstâncias». Mas não raro se poderia dizer melhor: «Eu, antes de ser *eu*, sou as minhas circunstâncias: a minha esgotante atividade, os meus nervos descontrolados, a minha depressão ou euforia; e só depois é que vem o meu *eu*, a reboque, atrelado a todas essas situações descontroladas». A pessoa é comandada de fora, por forças alheias a ela mesma; parece dominada por um outro poder, ou, o que é equivalente e pior, pelos estados de ânimo. Dá a impressão de ser um toca-discos – uma *juke-box* moderna, um DVD – que não tem música própria, só a que é impingida por um comando externo.

Hoje, mais do que em nenhuma outra época, temos necessidade de reentrar na posse de nós mesmos, de conseguir que a nossa atividade emane de um núcleo central de convicções: precisamos evitar ser arrastados pelos acontecimentos como uma folha pelo vento, precisamos marcar nós mesmos – não as circunstâncias – o ritmo das nossas vidas.

O Salmo 118 diz-nos: *A minha alma está sempre nas minhas mãos*. Nós poderíamos perguntar-nos: está a minha alma nas minhas mãos, ou está nas mãos do trabalho atabalhoado, no poder dos nervos descontrolados, sob o comando dos fantasmas do passado ou dos pressentimentos agourentos do futuro? Não temos, vez por outra, a impressão de não nos possuirmos, mas de sermos possuídos pela ansiedade, pela trepidação, pelas preocupações, pelas impaciências, pelas irritações?...

Lembro-me agora do episódio ocorrido com um médico jovem, sereno, que parecia estar sempre em paz. Chamava-se Daniel. Um colega e amigo dele contou-me

# A MATURIDADE

um fato aparentemente insignificante, mas que revela o perfil de uma personalidade equilibrada. Encontravam-se ambos no quarto de um paciente. Este dirigiu-se intempestivamente a Daniel, reclamando de maneira extremamente grosseira do tratamento que estava recebendo no hospital. Daniel olhou-o tranquilo, sorriu e disse-lhe calmamente: «Depois veremos como mudar este tratamento que faz você sofrer tanto. Agora vamos medir a pressão». O doente, que esperava uma reação violenta da parte do médico, ficou completamente calmo.

O colega de Daniel, admirado, perguntou-lhe depois por que não tinha repreendido o paciente. Ele respondeu: «É um pobre homem que está sofrendo de solidão e descarrega a sua mágoa no primeiro que encontra; se um mau-caráter no quarto já é ruim, por que eu haveria de acrescentar um segundo com a minha irritação – eu mesmo?» E concluiu: «Sabe como consigo ficar calmo? Fazendo todos os dias, antes de vir ao hospital, um pouco de meditação. E procuro manter-me nesse clima o dia todo. É formidável! Representa para mim como que um filtro: só deixa passar o que é bom». A atitude de Daniel indicava autodomínio: a sua oração permitia-lhe «ter a alma nas próprias mãos».

## Convicções vitais

As pessoas imaturas são, portanto, excessivamente emocionais, impressionáveis, como um barômetro sensível: instáveis e descontínuas. Podem ser representadas muito adequadamente por uma senoide: caminham em ziguezague, vivem de altos e baixos. Vivenciam a «filosofia do gosto», estão submetidas à tirania do capricho e orientam-se na direção do vento que sopra mais forte, como um cata-vento, uma biruta. É nesse sentido que a um «cabeça-de-vento» chamamos «biruta».

Isso acarreta uma consequência muito grave: essas pessoas não têm personalidade definida. Como gelatina, adquirem a forma do recipiente em que são colocadas. Não possuem unidade interior. Não se comportam de forma previsível. Não têm *sequência*, são *consequência* dos impulsos e das circunstâncias: da química dos seus hormônios, de uma contrariedade, de um sorriso, de uma vaia... Como o corpo de uma criança, os ossos parecem feitos de substância cartilaginosa. São seres invertebrados, carecem da espinha dorsal das convicções.

Em contraposição, como poderemos reconhecer uma pessoa amadurecida? Quando é que uma pessoa com psicologia de adolescente – seja qual for a sua idade – começa a ser adulta? Muito simplesmente, quando pelo hábito da meditação consegue responder a essa série de perguntas fundamentais que mencionávamos atrás, e de que nenhum homem pode fugir porque são universais e permanentes: «Afinal, para que vivo? Se não dei a existência a mim mesmo, nem depende de mim o momento em que ela acabará, posso por acaso comportar-me como se fosse dono dos meus dias? Posso entregar-me pura e simplesmente aos caprichos do momento?»

A maturidade exige que, a partir da solução que dermos a estas questões, elaboremos *convicções vitais*, tracemos um caminho que se projete sobre os diferentes campos sociais, profissionais, afetivos, familiares, etc., marcando assim uma linha diretriz estável de ideias, sentimentos e ações. Mais ainda, um comportamento

# A MATURIDADE

maduro exige não apenas marcar a rota da vida, mas segui-la à custa de todos os esforços e sacrifícios necessários, superando os impulsos passageiros, os estados de ânimo, os chamados das paixões, do comodismo, da preguiça e da má vontade.

Lembro-me de uma moça que, durante um retiro, fez esta descoberta: «Esta é a razão de ser da minha vida: ou serei santa ou não serei nada». E foi tão a fundo nessa convicção – aparentemente tão quimérica – que por ela pautou daí em diante a sua vida toda. Se antes era conhecida pelas suas angústias e nervosismos – roía as unhas, tinha sempre o ar de um coelhinho aflito –, agora chama a atenção pela serenidade com que enfrenta pequenos e grandes revezes da fortuna. Na família, todos gostam de acudir a ela para pedir conselho, e a própria mãe já me comentou: «A Márcia tem sido para todos nós um verdadeiro anjo de paz».

São essas convicções que conferem à personalidade madura uma das suas características mais essenciais: a *estabilidade* de comportamento, a *equanimidade* – a igualdade de ânimo – nos diferentes momentos da vida, para além das flutuações da afetividade. É por isso que o Concílio Vaticano II faz notar «a necessidade de cultivar [...] a maturidade humana, que se manifesta sobretudo em *certa estabilidade de ânimo*»[7]. Essa *estabilidade de ânimo* corresponde à personalidade de uma mulher ou de um homem que procura averiguar os desígnios de Deus a seu respeito e vai caminhando com firmeza sobre a linha diretriz de uma vocação pautada por convicções firmes.

---

(7) Concílio Vaticano II, Decreto *Optatam totius*, n. 11.

## Ideal e sentido de missão

A maturidade exige, pois, uma visão global da própria existência, especialmente a consciência da sua finalidade. Não pode existir maturidade se não se sabe o que se quer fazer com a vida. As mesmas convicções vitais de que acabamos de falar, para serem *eficazes*, necessitam de coordenação: devem convergir todas para um norte concreto. Esse ponto fulcral é o sentido transcendente da nossa vida, que por sua vez comunica sentido a todos os nossos projetos e ações particulares.

Para o cristão, esse sentido transcendente da vida, o *ideal* para o qual tudo converge, identifica-se com uma *missão* divina, que ele encontrará – pouco a pouco ou num *insight* fulgurante – na sua oração pessoal, ao repassar o variado panorama da sua vida na presença de Deus.

Trata-se de uma realidade *objetiva e única*, não de uma invencionice subjetiva. Assim o descobrimos nas palavras de Viktor Frankl, titular da cátedra de Psiquiatria da Universidade de Viena, onde Freud lecionou, e doutor *honoris causa* por mais de dezoito Universidades do mundo inteiro: «Não se trata de *injetar* sentido nas coisas, mas de *extrair* o sentido delas, de captar o sentido de cada uma das situações com que nos defrontamos. Olhada deste ponto de vista, a vida não se assemelha àquele «teste de Rorschach», em que o indivíduo recebe uma folha cheia de manchas de tinta e deve dizer que figura elas lhe sugerem, a fim de que essa figura, projetada pelo âmbito subjetivo da pessoa, forneça ao psicólogo algum indício sobre o caráter e o inconsciente da pessoa em observação. A vida assemelha-se antes a um quebra-cabeças, em que é preciso achar a figura do ciclista; temos de virar o desenho de um

# A MATURIDADE

lado para outro, até acharmos a sua silhueta, escondida de cabeça para baixo entre as árvores atrás da capela. Ele *está lá*: é uma realidade objetiva»[8].

Com efeito, o Senhor cria cada homem com uma determinada *missão* a cumprir, e essa missão marca o caminho a ser percorrido. Um caminho que indica limites e fronteiras, que assinala valores e convicções. É por esta razão que não poderá haver objetivos e convicções se não tivermos consciência da nossa vocação pessoal.

Homens sem consciência de vocação são homens inseguros, imaturos. Essa dimensão do homem que o arrasta a crescer, a progredir, a «ser mais», está apagada neles. O futuro está mudo. Não os chama. Não existe para eles um incentivo fora da realidade opaca do dia a dia. Não há motivação. Um homem assim é, enquanto não mudar, *um caso perdido*.

Não seremos capazes de imaginar, se não a tivermos experimentado pessoalmente, a mudança que se pode operar na nossa personalidade se nos deixarmos possuir até a medula pelo imperativo de uma missão humana e divina. É como se a mais forte motivação nos empurrasse; como se de lá, do nosso futuro, partisse um braço de ferro que nos erguesse de todos os desânimos; ou ainda, como se fôssemos arrastados por uma avalanche de força avassaladora.

Nietzsche escrevia: «Quem dispõe de um *porquê* é capaz de suportar qualquer *como*». Diria que este pensamento, que explica tão a fundo a realidade do comportamento humano, é válido especialmente quando se tem consciência de que o *porquê* coincide com o sentido da

---

(8) Viktor Frankl, *Sede de sentido*, 5ª ed., Quadrante, São Paulo, 2016, pág. 28.

PARA CRESCER EM MATURIDADE

nossa vida, ou seja, com o desígnio de Deus sobre cada um de nós. Então se sabe suportar qualquer *como*, qualquer forma que a vontade de Deus assuma, mesmo que seja a monotonia dos dias iguais, a carga do trabalho, das contrariedades e das dores.

É impressionante ver um homem como São Paulo. Depois da sua decisão – tomada em Damasco –, não há nada que o possa deter. Perseguido, caluniado, apedrejado, e no entanto seguro, constante. Mais ainda, vibrante: *Transbordo de alegria em todas as nossas tribulações* (2 Cor 7, 4). No meio das suas tribulações, sentia que a alegria, como um rio crescido pelo temporal, transbordava no seu coração. Existia nele uma força sobre-humana, uma força que lhe renovava o ânimo no meio das naturais depressões e fraquezas da nossa condição humana e o levava a exclamar: *Tudo posso nAquele que me conforta* (Fil 4, 13).

A consciência de uma missão a cumprir arranca energias das próprias raízes do nosso ser e nos impulsiona para o nosso destino definitivo. Faz-nos retroceder até a origem dos nossos dias e, recolhendo toda a força vital da nossa existência – herança, sangue, sonhos de juventude, recordações inspiradoras, experiências e conhecimentos, desejos fecundos, paixões e entusiasmos –, lança-nos para o futuro, para a plenitude do nosso ser. Confere à personalidade essa última firmeza e coerência que são a marca e a pedra de toque da maturidade.

Pessoas realmente amadurecidas são aquelas que, depois de muito pensarem e orarem e se aconselharem, chegam a ter uma luz clara sobre o que lhes cabe fazer na vida. E depois optam ou, se já são entrados em anos, retificam nobremente e recomeçam.

# A MATURIDADE

## Dominar-se a si próprio

O conhecido filósofo Alasdair MacIntyre, seguindo Aristóteles, na sua *Ética a Nicômaco*, aponta-nos que «os jovens podem raciocinar mal por *falta de experiência*, e mesmo quando raciocinam podem ainda ser guiados por *paixões não disciplinadas*; isso, porém, aplica-se igualmente àqueles que, não sendo mais jovens, nunca chegaram a desenvolver a maturidade da inteligência ou do caráter»[9]. Comentamos anteriormente a falta de *experiência* que Aristóteles assinala como uma característica da imaturidade; vamos examinar agora a *falta de disciplina, de controle de si mesmo*, que ele indica como outra das suas notas peculiares.

Preliminarmente, podemos dizer que o *domínio de si*, a formação da vontade, não goza hoje do favor da opinião pública. Na nossa civilização, falar de uma educação da vontade pode ser interpretado como uma volta à mentalidade «medieval», em que se atribuía tal valor à vontade que os sentimentos e a espontaneidade instintiva praticamente ficavam abafados. Assim, algum leitor poderá perguntar-se: Por que teimar então na vontade, nesse esforço «tão crispado», «tão antinatural», tão contrário à atraente espontaneidade, a essa atitude alegremente descontraída que parece ser o sinal dos nossos tempos?

Essa pergunta sem dúvida é justificada. Mas também nós poderíamos formular uma questão paralela: não é verdade que, hoje mais do que nunca, é importante insistir no domínio de si mesmo precisamente *porque* o

---

(9) Aristóteles, *Ética a Nicomâco*, ns. 193-210, em A. MacIntyre, *Justiça de quem? Qual racionalidade?*, Loyola, São Paulo, 1991, pág. 142.

PARA CRESCER EM MATURIDADE

homem está submetido de forma mais violenta aos condicionamentos da técnica, da trepidação urbana, do trabalho estressante, das exigências de sucesso profissional e econômico, do desgastante espírito competitivo? O homem moderno, carente de autodomínio, termina por desintegrar-se. É por isso que proliferam cada vez mais a angústia, o recurso a pílulas de autoajuda, a necessidade de um analista e o apelo a todo tipo de drogas.

Sim, hoje principalmente, devemos ter presente aquela sábia consideração de Foerster: «Governar-se a si mesmo é a primeira coisa que se precisa aprender depois que se sabe andar»[10]. Quem não sabe governar-se a si mesmo é como uma criança sem orientação paterna, como um barco sem leme – que se denominava antigamente, de forma muito significativa, «governalho».

O animal não precisa dominar-se a si mesmo, pois o seu comportamento está condicionado, até os mínimos pormenores, por um instinto inato. Qual seria o fim de uma águia míope, de um tigre desdentado ou de um urubu com problemas digestivos? Estariam perdidos; como o está o homem quando perde a capacidade de ordenar, de comandar a sua complexíssima personalidade.

Um breve inventário dessa complexidade já nos dá uma pequena ideia da necessidade de nos comandarmos a nós mesmos. Solicitam-nos os dados dos mais diversos tipos apresentados pelos cinco sentidos; as tendências biológicas; as propostas da inteligência, da memória e da imaginação a respeito do futuro; os sentimentos e afetos;

---

(10) Cit. por J. Schwantes, *Colunas do caráter*, 3a. ed., Nacional, São Paulo, s.d., pág. 57.

# A MATURIDADE

as exigências do espírito, em contraposição às sugestões do homem animal... Tudo isso se cruzaria e entrecruzaria em nós de maneira anárquica se não existisse o domínio de nós mesmos. Como poderíamos conseguir uma personalidade madura se não possuíssemos uma força ordenadora para toda essa complexidade?

No entanto, um dos problemas mais habituais no homem comum do nosso tempo é a facilidade com que perde todo e qualquer domínio sobre si mesmo. Observamos com frequência ao nosso lado, ou em nós mesmos, atitudes completamente descontroladas e, por isso mesmo, imaturas: irritabilidade, manifestações evidentes de nervosismo, irregularidade nos estados de ânimo; obsessões que nos deixam como que hipnotizados e incapazes de sair do campo magnético da sua tirania; surtos de emotividade apaixonada que nos levam a perder a lucidez e a frieza de raciocínio e nos conduzem a cometer erros infantis, dos quais nos lamentamos esterilmente depois; apatias que nos lançam na cama da indolência e da preguiça; hipersensibilidades que nos tornam doentiamente suscetíveis ou necessitados de carinho, como crianças mimadas... Tudo isto pode dar-nos a impressão de que somos conduzidos por forças psíquicas ou biológicas que provêm – sei lá! – de um passado desconhecido, de um subconsciente ignorado ou de uma tendência hereditária...

Que falta nesse mosaico de vivências? Falta um comando superior, como se numa orquestra de cem instrumentos faltasse a indispensável batuta do maestro. E esse maestro é a vontade, lucidamente orientada pela inteligência, que ordena toda a nossa complexidade interna numa unidade de vida harmônica e fortemente coesa.

Mas como alcançarmos o domínio da vontade em nós

mesmos? Examinemos esta questão através de três aspectos centrais: o domínio da imaginação, a superação dos condicionalismos do passado e o triunfo sobre o temperamento e as paixões.

## Vencer a imaginação

A imaginação é extremamente útil para enriquecer a nossa criatividade, mas, se não for controlada, faz-nos viver num mundo fora da realidade. Imaginamos sofrer um infarto quando sentimos uma simples dor no meio do peito; imaginamos ter um câncer assim que percebemos o menor carocinho no corpo; imaginamos um desastre na rua quando um ente querido demora a voltar para casa... Esses presságios quase nunca se concretizam; no entanto, a inquietação e o desassossego que os acompanham, esses concretizam-se realmente. A imaginação inventa perigos inexistentes, e assim faz-nos sofrer à toa.

Quando eu era criança, praticávamos durante as férias um esporte pouco conhecido: a espeleologia, a exploração de grutas e cavernas. Era um esporte empolgante, mas perigoso. Por vezes, tínhamos de percorrer corredores à beira de abismos profundos, mais negros do que a noite. Para superar o medo, marcávamos na areia da praia corredores da mesma largura, ou até mais estreitos, e corríamos por eles, tomando cuidado para não pisar nas beiradas. Sempre conseguíamos fazê-lo; a seguir, argumentávamos insistentemente conosco próprios: «Por que não tenho problemas na praia e fico atemorizado à beira do abismo?» A culpada era a imaginação. Nós precisávamos dominar a imaginação, pois o medo de cair aumentava a probabilidade de queda.

# A MATURIDADE

Isto repete-se com frequência na vida comum. Por exemplo, muitos fracassam num exame vestibular porque têm autêntico horror de serem reprovados: é a humilhação perante a família e os amigos, um ano perdido na vida, talvez a constatação de que não têm capacidade para fazer um curso superior... É a vertigem do abismo. E acabam caindo no abismo – são reprovados – pelo medo de caírem no abismo. Como comenta Eymieu, é simplesmente inacreditável o número de receios que terminam por concretizar-se, não pelo azar, não pelas circunstâncias, mas pelo simples impulso da ideia alimentada pela imaginação[11]. A perspectiva do fracasso apresentada pela imaginação já é um fracasso. Bloqueia as nossas potencialidades para que o êxito venha realmente a efetivar-se.

Há também o caso oposto, o dos sonhadores que vivem no «mundo da lua», sempre cheios de projetos e de grandiosas visões de futuro, mas que não movem um dedo para realizá-las. Não é que seja mau sonhar; o problema levanta-se quando esses sonhos não guardam proporção com a realidade e não levam a pessoa a empreender uma ação fecunda, prática, objetiva e realista. Essas bolhas de sabão imaginativas acabam sempre estourando e deixando atrás de si o amargo sabor da frustração e do fracasso. Uma das características da pessoa madura é precisamente a objetividade: sabe caminhar guiada por altos ideais, mas com os pés firmemente cravados no chão das realidades mais evidentes e corriqueiras.

Lembro-me de uma moça – tinha direção espiritual comigo – que começou o namoro com uma empolgação

---

(11) A. Eymieu, *O governo de si mesmo*, 2ª ed., AOP, Braga, 1948, pág. 66.

romântica tão intensa como o foi a frustração que sentiu quando, seis meses depois, o rapaz a deixou inesperadamente. Ela ficou «com a cara no chão» quando ele começou a sair com uma amiga comum. Ficou arrasada. A imaginação já projetava no seu rosto a figura da «solteirona» em que «iria converter-se»... Deixou de arrumar-se, de frequentar reuniões e festas... «Não adianta, – dizia-me –, não sou atrativa, falta-me charme; algumas vezes canto aquela velha canção da Inezita Barroso: "Ai, Santo Antônio, tenha dó, / já estou ficando velha, / já estou ficando só"»...

Tive que dar-lhe uma bronca: «O seu pessimismo e a sua falta de confiança em Deus é que estão cavando a sua cova! Se continuar comportando-se assim, garanto-lhe que vai se converter de fato numa inveterada "titia"». Mas as coisas iam de mal a pior até que ela se decidiu a fazer um retiro. Aí entendeu em profundidade o que diz o Evangelho: *Não se vendem dois pardais por um asse? Entretanto, nenhum deles cai ao chão sem permissão do vosso Pai! Não tenhais medo, pois valeis mais do que muitos pássaros* (Mt 10, 29). Mudou por completo. Voltou a comportar-se normalmente, a arrumar-se bem, a frequentar as reuniões de sempre... e passou a «caprichar» na alegria e no sorriso... Pouco tempo depois, começou o namoro com um rapaz que valia cem vezes mais do que o primeiro.

Recordo-me também dos «sonhos» de um rapaz inteligente que estava terminando o secundário: queria ser aviador. Sonhava com viagens intercontinentais numa das grandes companhias brasileiras. Os pais, de extração humilde, consideravam essa opção uma loucura, um capricho. Mas ele teimou; fez um curso depois do outro, uma série de concursos... E hoje é um jovem piloto, com

# A MATURIDADE

o seu vistoso uniforme de comandante. Quanto aos pais, não cabem em si de tão orgulhosos...

A imaginação, a capacidade de sonhar, quando se dirige para o bem e está acompanhada de uma ação esforçada, traz vida e motivação. Mas quando é desbocada e tresloucada, sem nenhuma base no possível, cedo ou tarde leva ao desânimo, à insegurança e à paralisia. É o retorno à adolescência.

## Superar os condicionalismos da vida passada

Não é possível conseguir o domínio de si próprio se não sabemos superar e incorporar os condicionalismos que nos vêm da vida pregressa. Existem pessoas que sofrem habitualmente das sequelas das suas vivências anteriores: da educação que receberam – excessivamente rígida ou excessivamente condescendente –, ou dos acontecimentos que os marcaram – recalques, fobias, superstições, manias, preconceitos, complexos... Parecem estar dominadas por forças do passado.

Como explicar esse fenômeno? Por uma realidade muito concreta: a bagagem que receberam não se converteu em experiência amadurecedora, não foi incorporada homogeneamente na própria personalidade, mas ficou no subsolo da alma como uma carga de dinamite.

A vida de alguns homens parece-se com um campo gramado aparentemente aprazível, tranquilo, convidativo para um passeio ou um descanso, mas que na realidade é um *campo minado*. Aparecem, aqui e acolá, pequenas espoletas imperceptíveis, mas extremamente perigosas. Basta que um pé as calque para as bombas estourarem:

as recordações do passado, as alusões a determinados defeitos, recalques complexos ou preconceitos atuam como dispositivos que põem em movimento toda aquela carga explosiva sepultada nos porões da alma.

Alguns exemplos podem ajudar-nos a entender o que estamos dizendo. Um pai contradiz a opinião de um filho em algo que não tem nenhuma importância e o rapaz estoura num acesso de ira injustificável. Por quê? Porque durante anos esse jovem sofreu uma educação repressiva, que se foi infiltrando no coração sob a forma de ressentimentos recalcados. A opinião contrária do pai, nesse momento concreto, atuou como o detonador da bomba que estava oculta.

Um estudante obtém um resultado ruim no vestibular e constata que seu irmão obteve uma qualificação brilhante. Resultado: fica arrasado de forma incontrolável por meses. Que aconteceu? Aconteceu que, durante muito tempo, foi comparado desfavoravelmente com o irmão mais velho, apresentado como exemplo para ele, e isso deu origem a invejas e ressentimentos profundos. Esse complexo de inferioridade longamente cultivado foi o estopim da depressão latente no seu íntimo.

O mesmo acontece com a pessoa que não consegue ouvir falar de Deus e da religião sem ficar extremamente irritada, porque um dia, quando adolescente, não assimilou bem a advertência recebida de um sacerdote durante a Confissão. E assim por diante: os exemplos que poderíamos acrescentar seriam intermináveis, pois é um fenômeno muito comum.

Quando a sua «mina terrestre» explode, a pessoa perde por completo o domínio de si própria, às vezes com consequências terríveis para ela e para os que lhe

# A MATURIDADE

querem bem. É evidente que tem de fazer todo um trabalho prévio para desmontar esses artefatos soterrados no seu interior.

Em primeiro lugar, precisa conhecer-se em profundidade, não ter medo de mergulhar no seu interior para diagnosticar as causas das suas reações e ir à raiz dos ressentimentos, complexos e recalques, medindo-lhes a extensão e a virulência. Não é raro que, por orgulho, para evitar humilhações, a pessoa esconda no seu subconsciente o que a envergonha ou desvaloriza: Pascal dizia que «o homem foge de si mesmo porque se teme». E uma personalidade da altura de Bossuet não se recusava a confessar: «O conhecimento de mim mesmo mete-me medo. Tremo até a última medula do meu ser».

Em segundo lugar, deveríamos ter a coragem e a sensatez suficientes para compreender que, a fim de decifrar as nossas incógnitas e encontrar as causas dos nossos descontroles comportamentais, precisamos abrir-nos com uma pessoa amiga, capaz de aconselhar-nos. Também aqui a conversa habitual com um sacerdote idôneo pode representar uma grande ajuda. Diante da nossa tendência a justificar os erros e limitações atuais atribuindo a culpa às experiências passadas, ele nos fará compreender que «águas passadas não movem moinho». Trazer à luz os ressentimentos, mágoas e rancores que possamos ter acumulado, sob o olhar desapaixonado e objetivo, mas compreensivo e carinhoso desse conselheiro espiritual, permitir-nos-á encará-los a outra luz e assim compreender, perdoar... e esquecer. Isto é, ganhar a paz.

Em terceiro lugar, temos que saber pedir a Deus com as palavras daquele Salmo penitencial: *Ab occultis meis libera me, Domine* (Sl 18, 13), «livra-me, Senhor, dos meus pecados ocultos»... Pedir luzes ao Espírito Santo, para que possamos conhecer e reconhecer integralmente todos os descalabros ocorridos por culpa própria ou alheia no nosso passado. Graças ao conhecimento próprio e à humildade assim adquirida, sentir-nos-emos livres para campear descontraída e alegremente por entre as «feras» que trazemos dentro de nós, familiarizando-nos com elas – com os vícios adquiridos, os complexos e recalques... – a ponto de conviver com elas e tê-las sob controle, como um domador faz com os seus «queridos» leões e tigres...

## Domar o temperamento e as paixões

Cada um de nós tem um temperamento que faz parte da herança biológica e psíquica que nos foi legada. Não é possível fazer aqui, nem mesmo sumariamente, um estudo sobre uma matéria tão vasta. Limitar-nos-emos a algumas pinceladas rápidas diretamente relacionadas com o nosso propósito.

Numa explosão de ira ou entusiasmo, uma pessoa de temperamento impulsivo gasta todo o paiol de energias, padecendo depois de falta de forças para realizar o trabalho diário ou servir a família e os semelhantes. Um temperamento apático põe a personalidade numa senzala e a acorrenta com mil liames de preguiça e desleixo. Um temperamento depressivo abre as portas para que qualquer contrariedade ou desatenção baste para deixá-lo abatido e incapaz do menor esforço... E assim por diante.

Quando não dominamos o nosso temperamento, quando cedemos habitualmente ao nosso modo de ser

# A MATURIDADE

espontâneo, somos arrastados por qualquer correnteza ocasional, por qualquer ativismo, por qualquer inclinação biológica, como uma jangada sem piloto no meio do mar, ou então ficamos parados na vida por causa de uma calmaria tropical que deixa frouxas as velas das nossas iniciativas e projetos.

Você já reparou como se mexem as marionetes e os fantoches nesses teatrinhos que divertem as crianças? As mãos dos artistas que os manipulam estão escondidas. Puxam uma cordinha e o boneco move a cabeça, mexem outra e dá um pulo... Assim fazem os impulsos temperamentais conosco: estão escondidos, mas comandam-nos com o seu poder. Puxam-nos pela corda do orgulho e gritamos, reclamamos, agredimos... Puxam-nos pelo cordel da preguiça e lá estamos nós, grudados na televisão ou na cama... Puxam-nos pelo barbante da sensualidade e lá nos vemos feitos um cachorro macho correndo na rua atrás da fêmea...

Somos pessoas dominadas. Terrivelmente dominadas. Escravos. Estamos precisando de um libertador: a nossa *verdadeira vontade*; e de um princípio reitor: uma *vontade fortemente constituída*.

Uma cena de rua. Inconveniente, mas real. Aconteceu faz muitos anos. Num ônibus urbano, no banco da frente, ia uma moça muito chamativa, escandalosamente vestida, que era devorada com os olhos por um dos passageiros. Ela desceu e o passageiro também. A moça, na rua, foi abordada por ele. Trocaram umas palavras, deram uma gargalhada e foram rua acima, caminhando de braço dado. Ao meu lado, um desconhecido fez um gesto que simulava uma abocanhada e comentou: «A *piranha* o mordeu. Está frito. Desse jeito a gente não faz nada. Qualquer vagabunda nos estraga o dia ou a vida». Voltei a olhar para o casal de braço dado. Ele devia ser um pai de família voltando para casa... E pensei como entraria no seu lar e encararia a esposa e os filhos...

Quanta gente não tem vida estável, madura, porque se deixa dominar pelos impulsos temperamentais! O seu comportamento imita o ziguezague de um bêbado que anda aos trancos e barrancos. Não chegarão a atingir uma autêntica maturidade se não conseguirem a hegemonia da vontade, à base de *disciplina* e de *luta contra si mesmos*.

Neste sentido, é muito oportuna a observação feita por Henry Link: «Nenhuma necessidade da psicologia moderna é, na minha opinião, tão importante como a prova científica da necessidade do sacrifício e da disciplina para conseguir a integração pessoal e a maturidade»[12]. E o psiquiatra Enrique Rojas acrescenta: «Para adquirir a força de vontade, é preciso começar por negar-se ou vencer-se nos gostos, nos estímulos e nas inclinações imediatas»[13].

Esta pauta pode completar-se com a contribuição de Alexis Carrel, prêmio Nobel de Medicina: «Quando executamos tarefas desagradáveis, acabamos vencendo a preguiça e o comodismo, e com isto aumentamos as reservas de energia que se armazenam nos acumuladores da nossa vontade. A prática diária da disciplina, e o hábito de nos submetermos a ela, quer nos grandes afazeres, quer nos pequenos, acabam por imprimir uma

---

(12) H. Link, *The return to religion*, pág. 23, cit. por J. Schwantes, *Colmas do caráter*, pág. 23.

(13) E. Rojas, *La conquista de la voluntad*, Temas de Hoy, Madri, 1999, págs. 176-177.

# A MATURIDADE

orientação completamente nova à nossa conduta... Todo o homem que, dia a dia, se entrega à prática sistemática dessas renúncias em assuntos de pequena importância, mais cedo ou mais tarde, ao ser açoitado pelas tormentas das adversidades, sentir-se-á amparado por energias internas poderosas»[14].

Muitas vezes, tudo começa por uma *determinação*, como a de levantar na hora que tivermos marcado no nosso horário. Este propósito será o motor de arranque, o estopim de muitas outras decisões que acabarão por formar uma sólida corrente de sustentação. Mas a determinação tem que ser forte; não podemos querer pela metade. Já bastam as dificuldades externas que encontraremos para realizar os nossos propósitos, para que permitamos também às dificuldades interiores que entrem no íntimo da nossa determinação: o querer não deve deixar espaço para os estados de ânimo dubitativos ou problemáticos. Tem que ser límpido.

Tive um amigo no colégio que dizia frequentemente coisas como estas: «Estou quase decidido... Talvez abrace tal profissão... Não sei se gosto daquela garota...» Era inteligente. Tinha tudo para triunfar, mas hoje é um fracassado porque sempre queria pela metade. Era um fraco.

O querer tem que ser pleno. É assim que se forjam os homens maduros; é com essa estrutura de caráter que, diante de uma montanha de obstáculos, se saberá gritar como Napoleão, ao encarar a cordilheira que barrava a marcha dos seus exércitos: «Abaixo os Alpes»[15]. Não há

---

(14) A. Carrel, em *Reader's Digest*, dez. 1940, pág. 57.
(15) Cf. A. Royo Marin, *Teología de la perfección cristiana*, BAC, Madri, 1968, pág. 763.

força humana que dobre uma decisão autêntica: nem as ameaças nem as seduções.

Para se chegar a essa energia moral, são necessárias muitas pequenas vitórias, que ultrapassam as cômodas concessões à moleza e ao comodismo; muitas fidelidades diárias; milhares de diminutos sacrifícios. Um *sim* compõe-se de muitos *nãos*. Esse exercício vai robustecendo o *querer* no que parece fácil, para depois *poder* no que parecia intransponível, como a cordilheira dos Alpes.

## Ser objetivo: ter sentido da realidade

Referimo-nos já diversas vezes a um *subjetivismo separado da realidade* como um aspecto característico da mentalidade infantil ou adolescente que permanece, às vezes, incrustado na idade adulta. É um subjetivismo que leva os imaturos ao encerramento numa torre de marfim construída num pequeno mundo enriquecido pela imaginação, como um personagem de *Alice no país das maravilhas*.

Numa clara contraposição, a pessoa madura é objetiva e realista. Tem um conhecimento ajustado dos limites da sua capacidade e da realidade que o circunda. *Sabe distinguir muito bem entre o mundo dos desejos e o mundo da realidade.* Uma coisa é o que desejamos e imaginamos, outra, bem diferente, é o que acontece na realidade. Supor que tudo se vai dar conforme imaginamos representa uma triste puerilidade.

Todos nos recordamos daquela crônica de Armando Nogueira que relata um lance divertido da nossa seleção de 58, na Suécia. O técnico Feola dava instruções ao

# A MATURIDADE

time: «Belini passa para Zagalo. Zagalo coloca a bola nos pés de Didi, que rapidamente lança para Garrincha na ponta direita. Garrincha atrai aqueles zagueiros suecos, altos e sem jogo de cintura, dribla-os, como ele bem sabe fazer, e cruza para o Pelé que, livre de marcação, chuta de forma indefensável. Gol!» Todo o mundo fica entusiasmado... Mas Garrincha, matreiramente, emenda de primeira: «Ô, Feola. O senhor já combinou tudo isso com o time adversário?»...

Há muitos que arquitetam a vida como o Feola planejou essa jogada: sem levar em consideração as dificuldades que se podem apresentar. Tudo, pensam, há de correr como imaginavam. Quem não tem consciência de que as contradições, as adversidades e os imprevistos são fatores corriqueiros da nossa vida, é um imaturo. É certamente uma puerilidade pensar que todos os nossos desejos se vão realizar com facilidade.

Um homem maduro, escreve Courtois no seu conhecido livro *Escola de chefes*, «tem nas suas mãos os dois extremos da cadeia: o ideal, sim, porque sem ideal seria impossível guiar o mundo; mas também a realidade, essa humilde realidade de todos os dias, sem a qual a ideia mais genial se reduziria a um sonho de fantasia, quando não merecer o nome de quimera, utopia, ilusão»[16]. Sem ideal, seríamos rasteiros; sem realismo, quixotescos, imaturos.

A imaturidade gera as *ilusões* – tão comuns nos adolescentes e nos adultos que a eles se assemelham – e as *falsas expectativas* que levam a estados de ânimo semelhantes ao sobe e desce das febres tropicais: ora erguem

---

(16) G. Courtois, *Escola de chefes*, 2ª ed., São Pedro, Lisboa, s.d., págs. 21-22.

a pessoa até uma *euforia* alimentada pelas ilusões, ora a lançam na *depressão*, quando a realidade frustra as suas falsas esperanças. Parecem a sístole e a diástole de um coração doente.

Muitos dos problemas que assaltam as pessoas não chegariam sequer a apresentar-se se o homem que os vive fosse mais realista. Ora, é uma tolice acrescentar, aos sofrimentos que a vida já nos proporciona ineludivelmente, as frustrações provocadas por umas expectativas falsas, que nem ao menos existiriam se estivéssemos mais ajustados à realidade.

Isto não representa um convite ao *pessimismo*. Sonhar, entusiasmar-se com tarefas futuras bem sucedidas é próprio de todo aquele que é jovem de espírito. Mas esses sonhos têm que ser realistas. Aqueles que ultrapassaram a infância e a adolescência já deveriam ter aprendido a fazer uma justa medida da vida, como a faz um bom alfaiate do corpo de uma pessoa[17].

## Objetividade e paciência

O sentido da realidade abrange duas grandes dimensões: *a realidade do mundo que nos rodeia* e *a realidade íntima de cada pessoa.*

O mundo que está à nossa volta é como é: tem uma objetividade concreta, e às vezes impositiva, cortante, inevitável, imperiosa. O homem amadurecido sabe familiarizar-se com esse contexto, conhecer o terreno que

---

(17) Cf. M.A. Marti García, *La madurez*, 4a. ed., Ediciones Internacionales Universitárias, Madri, 2001, pág. 19 e segs.

# A MATURIDADE

pisa e analisar todos os dados do problema que tem de resolver. Quanto mais amadurecida é uma pessoa, tanto mais apurado tem o senso da precisão, da exatidão e do rigor para avaliar a realidade efetiva, em contraposição ao «espírito do chute» ou da vaga estimativa que parece dominar muitos imaturos: «Ah, *deve* ser assim... Depois a gente pensa... No fim vai dar certo...» Talleyrand, sabiamente, aconselhava a «aceitar o inevitável para conseguir fazer o útil e o possível, ainda que não seja o melhor»[18]. A pessoa madura chega a aprender a difícil «arte» de contornar obstáculos, de deixar de fazer o ótimo inatingível para fazer o que é simplesmente bom, mas exequível.

Ter o sentido da realidade é conhecer o fim a atingir, os meios de que se dispõe, as capacidades e as limitações dos homens com que se tem de trabalhar, as oposições com que é preciso contar necessariamente, os escolhos a evitar, as dificuldades a vencer e as deficiências a suprir.

As coisas têm a sua objetividade própria: são como são. Um homem maduro sabe *vê-las como são, não como ele gostaria que fossem*. Em grande medida, um negócio, um matrimônio, uma família fracassam por falta de objetividade. Os preconceitos, os sentimentalismos, as preferências e parcialidades subjetivas deformam a realidade e levam a escolhas desacertadas e a atitudes emocionais injustificadas.

Conheço um empresário que certa vez se deu muito mal porque, ao escolher a secretária, se deixou impressionar pela simpatia e pelo encanto de uma das candidatas, sem reparar nas suas qualidades morais: era «metida», fofoqueira e vaidosa ao extremo. Em pouco tempo, iniciou um «flerte» com o chefe que deu lugar a muitos comen-

---

(18) Cit. por G. Courtois, *Escola de chefes*, pág. 24.

PARA CRESCER EM MATURIDADE

tários e até a problemas com a esposa, a quem no entanto sempre se mantivera rigorosamente fiel. No fim, teve de despedir a moça, mas a sua imagem de homem objetivo e maduro saiu fortemente arranhada.

Este exemplo trivial pode aplicar-se a muitas outras situações, mas especialmente ao matrimônio. Quando uma pessoa vai casar, sempre lhe pergunto: «Você se imagina vivendo com ele (ou ela) no dia a dia... durante quarenta anos? Você tomou consciência de que, ao casar com essa pessoa, "casa" também com a sogra e o sogro? Conseguirá conviver com ele, com o seu nível cultural, com a sua mentalidade? Não estará excessivamente entusiasmada com os atrativos físicos? E se perder a saúde ou o vigor – ou ela ficar gorda e com varizes –, que acontecerá?» Não é raro ouvir em resposta: «Ai, mas não seja assim tão frio. O importante não é que nós nos amamos? Isso que o senhor diz quase me parece uma blasfêmia». E tenho de responder: «Pois é justamente esse tipo de sentimentalismo bobo o que pode pôr o seu amor a perder. Se você quer que perdure a vida inteira, é necessário que a frieza de pensamento "blasfema" – uma frieza sadia e necessária – torne objetiva a sua opção».

A objetividade para contrair matrimônio supera os movimentos sentimentais. Requer um compromisso sério, ultrapassa os estados de ânimo. Com sentimentalismos subjetivistas, não se edifica nada de sólido. Isto vale para a família como para qualquer empresa humana ou iniciativa de valor. A prudência própria da maturidade exige o cultivo e o desenvolvimento da objetividade.

Ter o sentido da realidade é também saber esperar e saber sofrer as demoras que a realidade nos impõe, mas

# A MATURIDADE

sem perder a alegria: *ter paciência.* «A prática da virtude da paciência – escreve Miguel-Ángel Martí – é prova clara de maturidade. Não há dúvida de que a vida nos ensina a ser pacientes, mas, apesar disso, é sempre preciso aprender e reaprender esta lição. O querer tudo feito *hoje, agora, já,* não é bom critério para caminhar na vida; com frequência é necessário contar com o fator tempo»[19].

As pequenas contrariedades de cada dia apresentam-se com mais frequência no convívio com as outras pessoas. A paciência leva-nos a suportar os erros, os aborrecimentos e, em geral, todas as contrariedades que nos vêm dos que nos rodeiam. A esposa – por exemplo – queixa-se da «falta de ordem» e «de educação» do marido. O marido reclama das «constantes advertências» da esposa, do seu «perfeccionismo» e das suas «manias»... Ambos, contudo, se forem pessoas amadurecidas, deveriam saber pensar: «O meu cônjuge tem os seus problemas pessoais. Talvez ela fale tanto porque não tem mais ninguém com quem exteriorizar as suas preocupações...», ou «Ele deve ser tão rude assim porque tem de ser enérgico no trabalho...»

Todas as grandes metas da vida exigem paciência. O sólido prestígio profissional e a virtude provada, a ciência e a maestria demandam tempo, muito tempo. É muito conhecido o caso de Thomas Edison, que experimentou centenas de filamentos metálicos até conseguir um que resistisse à incandescência sob o efeito da passagem de corrente elétrica, e assim inventou a lâmpada elétrica.

No céu veremos que, da mesma forma, a vida dos homens de Deus não esteve constituída por uma tra-

---

(19) *Idem,* pág. 62.

jetória retilínea em contínua elevação, uniformemente acelerada, mas por um itinerário descontínuo, feito de quedas e ascensões, de começos e recomeços, mas coeso, travado por um nexo comum: a «determinada determinação» de que fala Santa Teresa, que levou a pessoa a recomeçar uma e mil vezes, e mais outras mil, confiada na graça de Deus.

O gênio é, segundo dizia Goethe, «uma longa paciência», e o mesmo se pode dizer da maturidade. É uma longa aprendizagem da espera, um continuado esforço, uma tenaz e prolongada batalha... uma *batalha cinzenta*, sem vitórias imediatas... Não há dúvida de que a paciência é o termômetro da maturidade.

## Prudência

Paciência e prudência – essa virtude a que podemos chamar a «viga-mestra» da objetividade – são irmãs gêmeas. Não apenas pela semelhança fonética, mas principalmente pela sua íntima correlação. A paciência exige moderação, senso de oportunidade, capacidade de esperar, perseverança, insistência, disposição de não desanimar e flexibilidade para contornar os obstáculos, e é precisamente isto o que a prudência representa: a medida certa para deter-se ou para acelerar no momento oportuno, como o faz um bom piloto.

Aristóteles, no livro VI da *Ética a Nicômaco*, diz que «a prudência é a capacidade que se tem de emitir um juízo acertado sobre o que se deve fazer aqui e agora». Por sua vez, o Concílio Vaticano II, que já citamos, indica

# A MATURIDADE

que a maturidade consiste precisamente na «*capacidade de tomar decisões ponderadas*»[20]. Observamos assim com facilidade como *prudência* e *maturidade* têm um forte denominador comum.

No pensamento de Aristóteles e também no de São Tomás de Aquino, a prudência está constituída por alguns elementos fundamentais que coincidem com os que encontramos ao analisar a maturidade. Essa coincidência é muito significativa, e vale a pena observá-la mais em detalhe:

1. Aristóteles começa pela *experiência*. Tanto a prudência como a maturidade relacionam-se com uma *sabedoria* que nasce, em grande medida, dessa capacidade de assimilar as experiências passadas que já comentamos: *O sábio de coração será chamado prudente* (Prov 14, 33), diz o livro dos Provérbios. Essa sabedoria não se aprende nas universidades, nas bibliotecas ou na internet: é um saber vivencial. Aristóteles diz, certeiramente, que, se é fácil ensinar a um jovem a geometria, é muito difícil ensinar-lhe a prudência.

Não apenas Aristóteles, mas qualquer pessoa medianamente inteligente entende perfeitamente que, se seguirmos as instruções de um manual de química, não teremos dificuldade em produzir, por exemplo, ácido sulfúrico. Mas ninguém teria a ideia de escolher uma esposa seguindo um manual de «como contrair matrimônio», nem se atreveria a dar um salto mortal de um trampolim de quinze metros seguindo as sumárias instruções técnicas de uma revista esportiva: contrairá um péssimo casamento ou quebrará o pescoço. Não se aprende a prudên-

---

(20) Concílio Vaticano II, Decreto *Optatam totius*, n. 11.

cia como se aprende uma fórmula química: há o saber da ciência e há o saber da prudência.

O homem moderno tem acesso a um número de informações excessivo, mas não possui a capacidade de síntese, a visão em profundidade, o tino para acertar na decisão mais conveniente... Não faltam os estudiosos tecnicamente brilhantes que não têm essa sabedoria do coração, essa maturidade vivencial.

Uma das figuras mais interessantes do mundo jurídico – especialmente na legislação britânica – é a *jurisprudência*. O *prudente em leis* – é o que a palavra significa originalmente – leva em consideração a experiência do passado e a dos outros juízes, que utiliza para dar sentenças mais justas. O homem prudente, o homem maduro, tem a sua própria e particular *jurisprudência*: sabe julgar, sentenciar e executar a decisão pautando-se pelas suas experiências anteriores.

2. «Ponto nevrálgico da prudência – anota São Tomás – é o que na língua latina se denomina *solertia*», palavra que o clássico dicionário de Laudelino Freire traduz por «argúcia», «sagacidade». *Sagacidade* implica perspicácia, rapidez de decisão em face do inesperado e também uma flexibilidade, um «jogo de cintura» que está tão distante do «jeitinho malandro» quanto da casmurrice. Não é falta de caráter, mas capacidade de adaptação às circunstâncias.

Um antigo aforismo militar diz que ser prudente é «enxergar longe, estar de volta e saber trigonometria». O «estar de volta» corresponde ao clássico provérbio: «Enquanto ele está indo com o milho, eu estou voltando com o fubá», e o «saber trigonometria» à capacidade de «triangular», de «tabelar», ou seja, à habilidade de evitar os problemas que se podem criar quando se é excessivamente direto.

# A MATURIDADE

O Senhor diz-nos algo de parecido no Evangelho: *Sede simples como as pombas e sagazes como as serpentes* (Mt 10, 16). No entanto, às vezes tem-se a impressão de que «ser *católico*» é considerado pelos próprios católicos como sinônimo de «ser *simplório*». Isto é uma tolice pura e simples: um homem «simplório» é um homem imaturo, e por isso mesmo um bom católico nada tem de «simplório». A sagacidade e o «jogo de cintura» próprios da prudência não se identificam nem de longe, como acabamos de ver, nem com um «jeitinho» trapaceiro nem com uma postura dubitativa, pouco clara. A prudência, que é objetividade, não prejudica nunca o perfil nítido da verdade.

Prudência, sagacidade, flexibilidade, habilidade no trato – em resumo, esse *savoir-faire* de que nos falam os franceses são aspectos importantes da prudência, mas não pode haver ambiguidade, a posição indefinida, talvez medrosa, de quem fica em cima do muro. Essa prudência não é maturidade, não é um fruto maduro, mas algo bem diferente, algo que passou do ponto certo do sazonamento e chegou à putrefação: é o fruto podre da prudência.

3. A *sagacidade* postula a *circunspecção*. No seu sentido etimológico, circunspecto é aquele que sabe «olhar à volta», inspecionar – captar – aquilo que o circunda; quer dizer, é o homem que leva em consideração as *circunstâncias*.

A *circunspecção*, por sua vez, traz consigo uma certa precaução e cautela: a *previdência*. Numa ação bélica, por exemplo, não se pode tomar em consideração apenas os objetivos que se têm pela frente, mas também prever as dificuldades que podem surgir pelos flancos e os perigos de uma retirada ou de uma resistência em forma de guerrilha.

Embora não pretenda entrar no mérito prático de um

assunto de política internacional, vejo que são frequentes os comentários de especialistas segundo os quais, na invasão do Iraque, os americanos e ingleses planejaram muito bem o ataque e a invasão, mas não o posterior governo do país vencido. Prepararam a guerra, mas não prepararam a paz. É o velho ditado que se aplicava a Aníbal, vencedor dos romanos: «Sabes vencer, mas não sabes aproveitar a vitória»...

A precaução é uma forma de humildade. Os homens autossuficientes metem-se frequentemente em enrascadas das quais depois não conseguem sair. Foi o que aconteceu com o apóstolo Pedro: foi presunçoso, confiou demais nas suas capacidades, e ao encontrar-se desprotegido e isolado negou vergonhosamente o Senhor.

«O homem maduro – escreve Ortega y Gasset – vê em cada nova situação não só a superfície imediata, mas as consequências. Como o bom jogador de xadrez, ao mover uma peça tem a profética intuição das inúmeras jogadas que poderá provocar»[21].

**4.** E não podemos omitir, por fim, outro elemento fundamental da prudência descrito por São Tomás de Aquino: *a capacidade de pedir conselho*[22], que é certamente um dos sinais mais característicos da maturidade.

A moderna mania do individualismo autossuficiente leva a pensar que pedir conselho significa desvalorizar-se, diminuir-se. Nada mais falso. Quem não sabe aconselhar-se fica fechado na sua ignorância, torna-se impermeá-

---

(21) J. Ortega y Gasset, «Meditación del pueblo joven y otros ensayos», em *Revista de Occidente*, Madri, 1981, pág. 157.

(22) São Tomás de Aquino, *Summa Theologica*, II-II, q. 47.

## A MATURIDADE

vel. Quem sabe pedir conselho passa por ignorante uma única vez; quem não o pede mostra a sua ignorância todas as vezes. Já diziam os filósofos socráticos que *o verdadeiro sábio é aquele que sabe que nada sabe*.

Um amigo, oficial da aeronáutica, que pilotava os primeiros aviões a jato que começaram a funcionar, dizia-me que no início, quando alguns dispositivos ainda não tinham sido aperfeiçoados, em determinados momentos – especialmente na hora de aterrissar – o piloto tinha a nítida sensação de estar voando em voo invertido, de cabeça para baixo. Todos os pilotos recebiam instruções de não se guiarem por essa sensação, mas pelas indicações que recebiam da torre de comando. Entretanto, certa vez, um piloto, apesar dos repetidos e dramáticos avisos e advertências da torre, deixou-se levar pela sua certeza subjetiva e espatifou-se no chão. Confiou em si mesmo, no seu critério, no seu juízo, e não quis reconhecer a necessidade de ater-se ao que lhe diziam.

«O primeiro passo para a prudência é o reconhecimento das nossas limitações: a virtude da humildade. É admitir, em determinadas questões, que não aprendemos tudo, que em muitos casos não podemos abarcar circunstâncias que importa não perder de vista à hora de julgar. Por isso nos socorremos de um conselheiro. Não de qualquer um, mas de quem for idôneo [...]. Não basta pedir um parecer; temos que dirigir-nos a quem no-lo possa dar desinteressada e retamente»[23]. Não se trata de buscarmos quem nos dê razão, mas quem nos diga a verdade, por mais dura que soe aos nossos ouvidos. Precisa-

---

(23) Josemaria Escrivá, *Amigos de Deus*, 4ª ed., Quadrante, São Paulo, 2018, n. 86.

mos de quem nos abra os olhos, não de *cegos que guiam outros cegos* (cf. Mt 15, 14).

A prudência é como uma pedra preciosa, um brilhante lapidado em riquíssimas facetas: a ponderação do passado, a sagacidade, a circunspecção, a previdência e o pedido de conselho. Todas são parte integrante, necessária e insubstituível daquilo que, em termos mais amplos, denominamos maturidade.

## Aceitação de si e subjetivismo

Mas a objetividade e a prudência levam-nos também à segunda dimensão do realismo: *aceitar-nos como somos* e assumir o drama da própria existência.

Aceitar-nos como somos pode ser uma tarefa dura. Há pessoas que parecem andar dizendo com o olhar e com a atitude: «Ah!, se eu não tivesse nascido em condições tão precárias... Ah!, se fosse mais bem dotada física e intelectualmente... Ah!, se não tivesse este defeito horrível... Ah!, se eu fosse você...»

Para chegarmos à aceitação de nós mesmos, antes de mais nada é necessário o *conhecimento próprio*. Já Sócrates recomendava: «Conhece-te a ti mesmo». No seu livro *Sobre a ira*, Sêneca afirma que se examinava diariamente. E, da mesma forma, boa parte das correntes psicológicas modernas dedicam toda a sua técnica a fazer com que as pessoas tornem consciente o seu subconsciente: não se pode superar o que não se reconhece e aceita.

No clima do subjetivismo imaturo, fazemos frequentemente uma ideia errada do que somos. *Vemos o eu através da ótica do próprio eu*. Assim como escutamos a nossa própria voz através de nossos órgãos internos e, por ve-

## A MATURIDADE

zes, temos grande dificuldade em reconhecê-la quando a ouvimos numa gravação, também podemos não reconhecer-nos objetivamente por estarmos excessivamente familiarizados com os nossos defeitos ou manias. Podemos surpreender-nos por termos tomado determinadas atitudes, como se não fôssemos capazes de cometer erros tão clamorosos, e perguntamo-nos: «Como pude dizer isso?», «Por que acabei tomando aquela atitude tão grotesca?» E que não conhecíamos as reais dimensões da nossa ira, da nossa inveja ou da nossa sensualidade... Faltou-nos conhecimento próprio.

O imaturo vive num universo falso e impermeabilizado, que o impede de conhecer os limites da sua personalidade. Ergue uma muralha em torno de si e cria mecanismos de defesa que impedem a penetração da luz. Parece ter uma verdadeira incapacidade para reconhecer os perfis da própria imagem e aceitar as suas deficiências. E assim vai contando a si próprio essas pequenas grandes mentiras que lhe permitem viver satisfeito consigo mesmo num mundo interior acolchoado, benigno e enganador.

Esse tipo de *autossatisfação*, ou autoconvencimento, configura não raro um tipo humano «hermético», «cristalizado em si mesmo», que dificilmente aceita uma correção ou um conselho, e que o vulgo descreve com uma frase muito acertada: «Sempre está na dele». O homem amadurecido, em contrapartida, nunca «se conta mentiras», nunca inventa desculpas para si mesmo: conhece os seus defeitos tão bem quanto as suas virtudes e enfrenta-os sem máscaras nem tapumes.

O subjetivismo em que cai a pessoa que se conhece mal e se encerra na sua torre de marfim compromete muito a *abertura para os outros*, o diálogo sincero e transparente. Impede-a de *escutar*. Está tão enfiada em si mesma que reincide uma e outra vez num eterno monólogo. Um monólogo dentro de um diálogo, pois, mesmo quando parece estar escutando o outro, na verdade já está pensando no que vai dizer-lhe depois, sem prestar muita atenção agora. Eu tinha um amigo que era um representante genuíno desse tipo humano: achava-se engraçado e, quando alguém contava uma piada, não lhe prestava atenção, mas ficava pensando numa piada melhor que pudesse contar depois. E quando todos riam, ele ria, mas sem saber por quê, pois não tinha reparado no conteúdo do que o outro dissera. Era um imaturo.

Não há diálogo, no sentido mais profundo da palavra, quando não há interesse real por aquilo que o outro está dizendo. Todo diálogo autêntico entre seres humanos tem algo de confidência, de comunicação íntima. «Desvirtua-se esse critério – diz Andrés Vázquez de Prada num estudo sobre a amizade – quando não buscamos na confidência um contato pessoal, mas um meio de satisfazer uma necessidade psíquica. Não me refiro à licitude do desabafo e sim a uma postura egoísta. Atitude falsa que transparece inconfundivelmente. Quem se comunica sem estar disposto a compreender a comunicação do outro move-se na linha do monólogo. Dirigir-se a ele é como falar com uma parede. A confidência viva é, pelo contrário, generosa e alegre, espontaneamente aberta para o diálogo»[24].

Ouvi contar de D. Álvaro del Portillo – o primeiro prelado do Opus Dei – que em certa ocasião recebeu uma pessoa com a qual esteve falando por um longo

---

(24) A. Vázquez de Prada, *La amistad*, Rialp, Madri, 1956, pág. 227.

# A MATURIDADE

tempo. Depois da conversa, o visitante comentou com outras pessoas, cheio de admiração: «Como o prelado é inteligente». Quando D. Álvaro soube desse comentário, sorriu e limitou-se a dizer: «Mas se eu quase não falei! A única coisa que fiz foi escutar»... É provável que o seu interlocutor tivesse encontrado na sua vida poucas pessoas dotadas dessa rara qualidade. Alguns dias mais tarde, porém, ficou mais admirado ainda ao descobrir que o tema sobre o qual tinham falado fora precisamente o tema da tese de doutoramento de D. Álvaro – e este não se tinha referido a esse fato em momento algum.

Um autêntico conhecimento próprio, porém, não se limita a levar-nos ao reconhecimento dos nossos defeitos, mas conduz ao *reconhecimento dos grandes dons que recebemos*. Se tomássemos consciência de que somos – todos nós – um autêntico presente que Deus nos deu, não repararíamos tanto naquilo que parece desfavorecer-nos, antes nos orgulharíamos daquilo que nos torna superiores: a condição de filhos do Deus altíssimo!, para terminar agradecendo a Deus o muito que Ele nos deu, ainda que estejamos repletos de defeitos e limitações.

Lembro-me de um caso que me parece paradigmático. Em certa ocasião, falaram-me de uma senhora que não queria sair de casa, que não queria mostrar-se, porque um acidente havia deformado o seu rosto. Recomendaram-me que lhe fizesse uma visita, porque estava muito deprimida. Assim que entrei na casa, ela tapou o rosto com uma toalha, menos os olhos e a testa. Eu, olhando fixamente para ela, disse-lhe: «A senhora tem um olhar maravilhoso; estou vendo nele a formosura da sua alma. Não se importe com o semblante, valorize os seus olhos:

Deus está escondido por trás desse seu belíssimo olhar...»
Aproximei-me a seguir, fiz-lhe o sinal da cruz na testa e
rezamos juntos o Pai-nosso. Repeti depois várias vezes:
«Seja feita a vossa vontade assim na terra como no céu».
E acrescentei: «Quando se encontrar com as pessoas, fixe
os seus olhos nos olhos delas e reparará como ficam cati-
vadas...» Soube mais tarde que a atitude daquela mulher
tinha mudado totalmente. Orgulhava-se de que Deus estivesse olhando os outros através das suas pupilas...

O imaturo tem de reconhecer que, para ser mulher
ou homem no sentido pleno da palavra, tem de sair do
rarefeito mundo subjetivista para entrar na realidade
da vida dos outros e do mundo exterior que o rodeia.
Precisa pisar com os dois pés em terreno firme. De-
cidir-se a acabar com essa personalidade de papelão.
Queimar as máscaras. Reconhecer-se e aceitar-se como
é. Não há outro caminho. Caso contrário, será sempre
um fracassado.

## Vencer o egoísmo narcisista

A falta de objetividade, o subjetivismo – já o observamos –, anda de mãos dadas com um narcisismo característico.

Todos nós percebemos a diferença que há entre um
professor jovem e um professor sazonado. O jovem, vai-
doso, petulante, preocupado apenas em mostrar o seu saber, fica nervoso e confuso durante a aula; parece perdido
no bosque de uma erudição mal assimilada. Já o professor
mais velho, experiente, simples, calmo, é essencialmente
claro e objetivo. Não precisa demonstrar uma capacidade

# A MATURIDADE

que nitidamente possui: tem segurança. O primeiro pensa em como brilhar; o segundo, desprendido da opinião alheia, procura principalmente o bem dos alunos.

Esta diferença é, para mim, extremamente significativa. Pode aplicar-se tanto ao professor como ao comandante de exército, ao chefe de uma empresa, ao deputado, ao pai de família ou ao sacerdote. Quantos comandantes ou empresários, ao ultrapassarem os cinquenta anos, não precisarão ainda de muitos calores de verão, de muitas contrariedades, para amadurecerem?

Lembro-me agora de um político brasileiro dos anos setenta que era chamado pelo povo «a boneca deslumbrada». Quantas «bonecas deslumbradas» encontramos nas Universidades, nos clubes, nos ambientes eclesiásticos... Falta maturidade! Falta peso! Sobra leviandade! Sobem na vida social à base de não pesar nada, como os balões!

O deslumbramento narcisista impede essas pessoas de terem uma visão objetiva das coisas. O mundo fica, de alguma maneira, deformado por um fenômeno de ótica, por um problema visual patológico: sofrem de *miopia* e de *hipermetropia* ao mesmo tempo.

A *miopia* impede-as de ver tudo aquilo que não contribui para a sua autocontemplação. A *hipermetropia* faz com que se avolumem de forma gigantesca as coisas que favorecem o seu papel autoassumido de «centro do mundo», a sua autoincensação. Tudo enxergam através das lentes do «para mim»: «O que representa isto *para mim*?», «Que valor tem essa pessoa, esse acontecimento *para mim*?», «Este emprego, esta relação de amizade, pode ser útil *para mim*?» Essas são as variantes da eterna e repetitiva pergunta do seu narcisismo autocentrado.

Não é precisamente esta a atitude da criança que quer

para si os melhores brinquedos e as mais carinhosas atenções dos que a rodeiam? Esta é também a atitude do adulto-criança, do homem ameninado.

Há pessoas que parecem ter como que atrofiada a dimensão do amor, parecem estar incapacitadas para pensar nos outros. «Os outros» – pergunta o adulto-adolescente –, quem são «os outros»? *Os outros* são os que me dão oportunidade de estar no centro das atenções; *os outros* servem-me de degrau para subir; *os outros* são o instrumento útil para o meu brilho pessoal, para edificar o meu pedestal.

O imaturo, talvez sem o perceber, serve-se dos outros e explora os outros: eles têm obrigação de ceder-lhe o primeiro lugar e o que há de melhor em tudo; nada é mais natural do que os serviços que lhe prestam; tem uma balança para pesar os seus direitos e outra para pesar os dos outros. Os serviços que presta sempre lhe parecem muitos, mas considera poucos os que lhe são prestados. Esse ter duas medidas – uma grande para receber e outra pequena para dar – é a atitude característica do imaturo.

## Pensar nos outros

Há uma espécie de altiva petulância nessas personalidades ainda adolescentes. As plantas e as frutas que não estão maduras apresentam um empertigamento vistoso, mas faltam-lhes o sabor e o peso. Pensemos num girassol: quando está verde, viçoso, apresenta-se ereto, bonito, girando faceiro ao movimento do sol; já quando está maduro, vemo-lo inclinar-se, abater-se, porque as suas

# A MATURIDADE

sementes, repletas de óleo – daquilo que realmente tem valor nele –, pesam. Bem se enquadram aqui as rimas de um poema clássico:

Caem as flores brilhantes,
Vêm os frutos verdes e duros,
Tão frustrantes!
E depois
Os dourados, gostosos e maduros.

É necessário que as flores vistosas caiam para que os frutos maduros possam nascer. É uma imagem que se aplica muito bem ao processo ascendente da vida humana.

Recordo-me, neste sentido, de uma lápide que tive a oportunidade de ver num cemitério de São Paulo. O mármore estava gravado com uma espiga curvada e ao lado uma inscrição em latim que dizia *Quia plena*: estava curvada *porque estava plena*. Chamava a atenção a sabedoria daquela família que havia mandado esculpir esse epitáfio na tumba de uma menina que só tinha doze anos: Deus a tinha levado em tão tenra idade porque já alcançara a plenitude; *estava madura para a colheita*.

Um antigo aforismo latino reza: *Anni non numerantur sed ponderantur*, «os anos não se enumeram; pesam-se». A maturidade é o que «pondera» – dá peso – o valor de uma personalidade, não o brilhantismo.

Esse peso, essa plenitude, está em grande parte dimensionada pela *capacidade de dar-se aos outros*. Já reparamos na coincidência que há entre pessoas felizes e pessoas generosas? É que o homem generoso, ao invés de buscar uma felicidade centrada em si mesmo, sente-se feliz com a felicidade alheia.

Para conseguir essa *personalidade generosa*, é necessário deslocar o centro dos interesses, passá-lo do «eu» para os «outros». É necessário que se opere uma «revolução copernicana» no nosso comportamento. As pessoas maduras centram a sua vida, não no seu mesquinho planeta, mas nas necessidades do universo todo que as rodeia: um pai e uma mãe maduros consideram os filhos o centro das suas preocupações, um político maduro gira em torno do bem comum dos seus concidadãos, um educador maduro pensa na formação do caráter dos seus alunos, um sacerdote maduro preocupa-se com a santificação dos seus fiéis.

Cronin, médico e escritor, na sua obra *Pelos caminhos da minha vida* – uma espécie de memórias pessoais –, recolhe o testemunho de uma enfermeira que apresenta como paradigma de maturidade: «Olwen Davies serviu durante mais de vinte anos os moradores de Tregenny, com fortaleza e paciência, serenidade e entusiasmo. Esse inconsciente desprendimento, que acima de tudo parecia ser a principal característica do seu caráter, era tão mal recompensado que isso me preocupava. Embora ela fosse muito querida pelo povo, o seu ordenado era mais que insuficiente. E uma noite, já bem tarde, após atender um caso particularmente extenuante, arrisquei-me a protestar, enquanto ela tomava comigo uma xícara de chá:

– Por que não exige que lhe paguem melhor?, indaguei. Por que não se revolta, por que não se irrita com um ordenado tão baixo? É ridículo a senhora trabalhar por tão pouco.

Ela alçou levemente as sobrancelhas. Mas respondeu-me sorrindo:

– Tenho o suficiente para viver.

# A MATURIDADE

– Não – insisti –, a senhora devia receber pelo menos uma libra a mais por semana. Deus sabe que a merece.

Houve um silêncio. Seu sorriso não se apagou, mas impressionou-me a expressão de gravidade, de intensidade, que li no seu olhar.

– Doutor – disse-me ela –, se Deus sabe que mereço uma libra a mais, é só isso o que me importa.

As palavras eram breves, mas o significado que se refletia nos seus olhos não podia ser mais claro. Nunca, por um instante sequer, ela dera a entender que era uma mulher religiosa; naquele momento, porém, compreendi que toda a sua existência, feita de dedicação e sacrifício, era uma oferenda, um permanente testemunho da sua fé em Deus. E num relance de compreensão, senti o precioso significado da sua vida e a comparativa vacuidade da minha. *Compreendi então a diferença que há entre quem vive generosamente para cumprir uma missão e quem vive mesquinhamente voltado para si próprio»*[25].

Essa mulher vivia para os outros e para Deus. Não perguntava o que Deus e os outros podiam dar-lhe; saía ao encontro deles e dizia: «De que precisam? Estou disposta a dá-lo. A minha vida é uma resposta aos vossos apelos». Nisso, e não em qualquer outra retribuição humana, consistia o sentido da sua vida e da sua felicidade.

---

(25) A.J. Cronin, *Pelos caminhos da minha vida*, José Olympio, Rio de Janeiro, 1961, pág. 150.

## Ganhar responsabilidade

Como acabamos de ver, a pessoa imatura vive dentro do seu pequeno mundo, perguntando sempre: «O que os outros podem dar-me para me fazer feliz?» Quem deseja atingir a maturidade, pelo contrário, não se interrogará nesses termos, mas ao contrário: «O que tenho de fazer para que os outros possam ser felizes?», «Qual é a *resposta* que os outros esperam de mim?» O homem responsável não interroga, deixa-se interrogar.

O cônjuge e os filhos chamam-no e ele responde; as exigências do bem comum chamam-no e ele responde; Deus o chama e ele responde. É isso o que significa *responsabilidade*: a capacidade de *responder* aos apelos dos outros e de Deus.

Nunca se pode esquecer que nascemos num mundo já feito, que existia bilhões de anos antes de nós. Não somos o centro do Universo. Temos de saber interpretar a melodia que corresponde a cada um de nós na sinfonia da Criação. Temos de responder às interpelações que Deus e os outros nos fazem.

A pessoa imatura é parasitária. A pessoa amadurecida sente os apelos da responsabilidade.

Quando queremos medir o grau de maturidade de uma pessoa, podemos lançar mão de um critério muito acertado: observar em que medida ela sabe *assumir os seus próprios erros*. O imaturo dissimula, finge, faz teatro, escusa-se, defende-se, tenta enganar os outros sem compreender que, na realidade, só se está enganando a si mesmo.

«As pessoas responsáveis – escreve James Stenson – assumem as consequências das suas decisões livres e dos

# A MATURIDADE

seus erros. Este é o significado básico do «responder» pelo que se faz. Essas pessoas não mentem a si mesmas, não transferem as eventuais culpas para outros e não se consideram vítimas. Compreendem a relação que há entre a negligência e os prejuízos que dela resultam: um cirurgião desleixado pode deixar o paciente paralítico, um motorista descuidado pode matar os seus passageiros, um pai negligente pode destruir moralmente os filhos»[26].

Miguel-Ángel Martí diz-nos:

> A *atitude infantil*, que não sabe *responder pelos seus atos*, não contempla a possibilidade de estar equivocada. «Os outros estão errados, eu tenho razão»: esta parece ser a única ideia que a pessoa tem presente quando os outros lhe fazem uma reclamação, exigindo dela a resposta por algumas das suas ações. São muitos os que têm de sair desse infantilismo que transfere a culpa para as outras pessoas, mesmo a culpa pelas próprias ações. Esse dizer: «Não fui eu quem fez isso», que com tanta frequência se encontra na boca das crianças, parece ser também a filosofia dos imaturos, que têm medo de assumir os inconvenientes que os erros trazem consigo. É necessário caminhar trazendo sempre diante de si o *espírito de responsabilidade*, com a consciência de que cada um de nós deve dar conta das suas próprias ações, por menores que sejam. A *desculpa* [no sentido de apresentar argumentos que nos «desculpem», isto é, tirem a culpa] é um recurso muito fácil para eximir-se de responsabilidades. Uma coisa é pe-

---

(26) James B. Stenson, *Enquanto ainda é tempo...*, 2ª ed., Quadrante, São Paulo, 2016, pág. 86.

dir *perdão,* e outra é procurar justificativas para nossas ações equivocadas.

Revela uma atitude madura quem reconhece que é culpado de um fato determinado sem que isso lhe custe grandes esforços. Seria uma puerilidade pensar que as nossas ações – só por serem nossas – devem ser corretas. Embora em teoria esteja claro que essa afirmação é um despropósito, na prática é frequente encontrar pessoas imaturas que sempre justificam as suas próprias ações[27].

Um segundo aspecto central da responsabilidade consiste no *sentido do compromisso.* Como já dissemos – mas é um tema sobre o qual não se pode insistir demasiado hoje em dia –, a pessoa madura sabe superar as sensações e sentimentos passageiros para *viver de compromissos.* A irresponsabilidade de quem diz: «Não correspondo ao que reclamam de mim a condição de pai ou mãe, de cônjuge, de chefe, de mestre, porque não *sinto vontade*», é uma atitude digna de uma criança; na verdade, de algo muito pior: de um adulto infantiloide.

Tony Anatrella, psicanalista especializado em Psiquiatria Social e sacerdote, num pequeno mas brilhante perfil da juventude atual escrito para um congresso por ocasião de uma Jornada Mundial da Juventude, põe o dedo na chaga:

O padrão de referência atualmente dominante leva a pessoa a crer que pode fazer-se sozinha, inspirada nos seus sentimentos e sensações, ao invés de guiar-se pelos

---

(27) M.A. Marti García, *La madurez*, págs. 40-41.

## A MATURIDADE

princípios da razão, de uma palavra inteligível como a da fé cristã e dos valores da vida. Ora, acontece que, muito pelo contrário, o sujeito não pode instaurar a sua vida interior senão por meio da interação com uma dimensão objetiva, nunca face a face apenas consigo mesmo.

O medo de comprometer-se efetivamente domina as psicologias juvenis, que são hesitantes, incertas e céticas quanto ao sentido de uma relação durável. Os jovens [conceito que Anatrella estende dos dezoito aos trinta e cinco (!) anos, confirmando o que dissemos sobre a generalização social da imaturidade] pensam que permanecerão livres se não assumirem nenhum compromisso, mas na verdade apenas conseguem negar assim a sua liberdade. Pois é apenas quando assumimos um compromisso que descobrimos que somos livres e que pomos em ação a liberdade.

A vida de solteiros que, em muitos casos, se prolonga habitua-os a viver e a organizar-se sozinhos. Alguns têm dificuldade para aceitar a presença contínua de outra pessoa na sua vida cotidiana: isso os angustia e dá-lhes a sensação de que lhes falta liberdade. Aos trinta e cinco anos, pensam ainda que não estão maduros nem preparados para assumir um compromisso, que têm necessidade de mais tempo. Mas quanto mais o tempo passa, menos a sua mentalidade evolui para estar à altura de se associarem a uma pessoa que, no entanto, julgam amar[28].

---

(28) Tony Anatrella, *Le monde des jeunes: qui sont-ils, que cherchent-ils?*, Congresso «Jornada Mundial da Juventude: De Toronto a Colônia», Roma, 10-13 de abril de 2003.

Esse fenômeno, que o autor aponta sobretudo em conexão com o medo de casar – e sobretudo de ter filhos! – que efetivamente se encontra em tantos jovens, manifesta-se em todas as dimensões. Que dificuldade encontram alguns até para tomarem as menores decisões e as mais indiferentes: «Que vou jantar hoje? Vou ao futebol para o qual os meus amigos me convidaram neste domingo à tarde, ou fico com a minha mãe, que se tem queixado de que quase não me vê mais em casa? Devo estudar mais para a faculdade ou fazer um estágio que me prepare para o trabalho profissional?»! Basta observar: diante de qualquer convite que exija uma resposta firme, um simples «sim» ou «não», as pessoas esquivam-se como enguias: «Não sei... Se der, eu vou...»

E não falemos dos compromissos maiores da vida: o *compromisso com a verdade objetiva*, que deve ser buscada e vivida acima de tudo, pois é a base da própria vida e da convivência social. Quantos não se refugiam, por falta desse compromisso, numa «tolerância» mal-cozida, em que todas as religiões, crenças, opiniões e crendices são consideradas igualmente «válidas», o que os dispensa de examiná-las mais a fundo e lhes permite deixarem-se ficar num cômodo *achismo* sentimental. Como estamos longe dessa «verdade que liberta» (cf. Jo 8, 32), proclamada pelo Evangelho!

Depois, o *compromisso com o bem objetivo*, a firme e clara decisão de fazer o que a consciência nos indica como bom e extirpar da própria vida o que é mau, e de esclarecer as dúvidas que possamos ter. No nevoeiro moral da nossa época, só parecem ter restado dois ou talvez três «pecados», os promovidos pela mídia: fumar, de longe o pior de todos; o racismo e a tortura... É mais gratificante

# A MATURIDADE

e mais cômodo simplesmente «sentir-se bom» – afinal, não cometemos habitualmente nenhum desses pecados –, e o nevoeiro parece propiciar essa sensação de aconchego..., apesar dos eventuais latejos da consciência..., apesar dessas tristezas fundas que não se conseguem extirpar, e que é preciso enganar com uma atividade trepidante, com emoções «radicais»...

A seguir, os diversos tipos de *compromissos com os outros*: com a esposa, com os filhos, com os pais, os familiares, os amigos... Para um homem ou mulher madura, basta saber que essas pessoas *precisam* de nós para tomar consciência da *obrigação* de ajudá-las. E ajudá-las a fundo, tendo em vista o seu bem real, não uma satisfação momentânea. Quantos não se contorcem literalmente de medo diante da perspectiva de terem uma «conversa séria, de homem para homem», com o filho, ou um amigo, ou – o pior de tudo – com um superior que é necessário corrigir!... Quantos não preferem omitir-se!

Poderíamos citar ainda o *compromisso com a palavra dada*, o *compromisso com a pátria*... Mas baste-nos referir o *compromisso com Deus*, do qual derivam em última análise todos os outros compromissos. Contraímo-lo ao nascer, pois ao Senhor devemos a vida, e esse compromisso aumentou quando fomos batizados, porque a graça santificante que recebemos então é fruto da morte redentora de um Deus que não hesitou em dar a própria vida por nós para demonstrar que *ninguém tem maior amor do que aquele que dá a vida pelos seus amigos* (Jo 15, 13); devemos-lhe, pois, um amor integral.

São os compromissos assumidos que, como indica Anatrella, dão consistência e firmeza ao caráter – maturidade –, levando a pessoa a superar as suas fraquezas, inseguranças e incertezas morais. O grande teórico do ateísmo, Ludwig Feuerbach, dizia que «o homem é aquilo que come», revelando talvez uma faceta autobiográfica... Nós podemos dizer, com muito mais verdade, que *o homem é aquilo que ama*, isto é, *é aquilo com que se compromete*, porque sente a exigência de se pôr à altura do ser amado. Por isso mesmo, *a qualidade do caráter de uma pessoa revela-se pela qualidade dos compromissos que assume.*

## O cumprimento do dever

O imaturo não só não compreende aquilo que lhe interessa, mas *não dá valor àquilo que não sente.* O critério da sua ação é o sentimento: não cumpre com as suas obrigações profissionais ou familiares porque não *sente* vontade, não se sacrifica pelos outros porque *sente* que isso o incomoda... Não consegue superar a esfera mais sensitiva para alcançar outra mais humana, mais nobre: a das exigências e dos apelos do dever, da justiça, do bem comum, da gratidão, da retribuição, do amor que sabe pagar com amor o que se recebeu por amor.

Dentro da cápsula estreita e egocêntrica do meninão adulto, contam mais as invejas ridículas, os ciúmes desconsiderados, o desejo de revanche e toda a gama desse sentimentalismo melado e infantil que sempre reclama: «Não me compreendem, não me valorizam, não me prestam suficiente atenção»... E assim deparamos com um homem que já passa dos trinta anos comportando-se como uma adolescente dengosa.

A atmosfera rarefeita desse subjetivismo imaturo traz

# A MATURIDADE

uma consequência concreta: *a ineficácia*. A inteligência, a capacidade criadora, perde-se no alambique das elucubrações pessoais e nos meandros da imaginação. Essas pessoas ficam interiormente complicadas, repletas de complexos, comparações e melindres. Gastam a energia natural em solucionar complicações cerebrinas, picuinhas sentimentais, e não lhes resta força para solucionar problemas exteriores concretos e talvez decisivos para a sua vida. Não se pode confiar em que cumpram o seu dever, por muitas promessas que façam.

Pensemos agora, em sentido contrário, na abnegação de uma mãe que, sentindo um imenso cansaço após dias e noites de vigília, continua a permanecer à beira da cama do filho doente. Isso sim é maturidade! E superar um estado físico ou psíquico pessoal por um valor superior e mais digno, com inteira naturalidade e simplicidade.

Uma pessoa madura sabe que *deve ter as menores dificuldades interiores para poder solucionar as maiores dificuldades exteriores*. Sabe que não deve deixar paralisar-se por complexos e medos sem razão, por preguiças, por ressentimentos, conflitos e melindres; deixa tudo isso de lado para agir em função dos problemas objetivos que tem a grave responsabilidade de resolver. E é isto o que lhe outorga agilidade na ação e eficácia nos resultados.

Um princípio claro e seguro para conseguir a maturidade consiste em *cumprir o dever de cada momento*, ainda que custe, ainda que seja desagradável.

É mister aprender a enfrentar as dificuldades, a remar contra a maré, a familiarizar-se pouco a pouco com o que custa, a não se deter diante de qualquer obstáculo... Que pensaríamos de alguém que não cumprisse um compromisso por estar com dor de cabeça, ou porque faz frio ou chove?

Para tornar efetivo o cumprimento do dever, é necessário também saber o que devemos fazer em cada momento, o que por sua vez exige criar umas coordenadas espaciais e temporais que marquem o lugar, o dia e a hora do cumprimento das nossas obrigações. Um plano de vida estrito e elástico ao mesmo tempo, que não tire a liberdade mas fixe claramente os referenciais necessários, far-nos-á superar essa contínua tentação de substituir o melhor pelo mais fácil. E se vivermos a pontualidade, não adiando as tarefas mais antipáticas, não prolongando demasiado as mais agradáveis, se fizermos, enfim, o que devemos, conseguiremos pouco a pouco que a nossa natural indolência sentimental se converta num forte hábito de diligência.

Poderíamos dizer: *Realiza o teu dever e ele te realizará.* Executa o teu dever e ele te engrandecerá: o cumprimento do dever tornar-se-á forja de um caráter solidamente amadurecido.

Quando as exigências da nossa condição de pais, de mestres, de chefes, de apóstolos, de sacerdotes, de companheiros empenhados em conjunto numa tarefa – os nossos deveres, em suma –, se apresentam diante dos nossos olhos como uma tarefa ineludível, à qual não podemos renunciar, fazem com que, num forte apelo à responsabilidade, cresçamos diante delas, criemos qualidades que não possuíamos, superemos a nossa tendência natural à apatia e ao desleixo, chegando mesmo a vencer os obstáculos que nos pareciam intransponíveis. Porque há algo dentro de nós que clama: «Não posso falhar... Os outros esperam de mim

# A MATURIDADE

que esteja à altura do meu compromisso; não posso decepcioná-los...» E parece que uma força imponente desperta as nossas potencialidades adormecidas, a ponto de chegarmos a fazer o que nem nós mesmos acreditávamos possível.

É realmente surpreendente o que um pai ou uma mãe são capazes de fazer diante de um perigo iminente para os seus filhos, ou de uma necessidade ineludível e urgente; é inacreditável a coragem que um capitão de navio pode desenvolver diante do risco a que estão submetidos tripulantes e passageiros no meio de uma tempestade; despertam entusiasmo e admiração a abnegação e o espírito de sacrifício de um apóstolo devorado pelo amor de Deus e o desejo de salvar as almas...

Como não podemos estar seguros de que, nessas situações excepcionais, estaremos à altura das circunstâncias e não tiraremos o corpo? Muito simplesmente, sendo fiéis no dia a dia à pontualidade no cumprimento dos pequenos deveres para com a família, fiéis à empresa em que trabalhamos, fiéis, em suma, a todos os nossos compromissos.

É assim que chegamos a entender que *a realização do dever consuma a nossa própria realização.* E assim também compreendemos como são os fortes apelos do dever o que consegue levar o ser humano ao cume da maturidade.

## Procurar a solidariedade

O homem que chegou à maturidade é alguém que *reconhece o seu lugar no mundo e na sociedade.* Sabe que o organismo social forma uma unidade e que cada parte é responsável pelo todo. Participa na construção do bem comum sem inibições nem complexos, independentemente da categoria da sua contribuição pessoal. O que lhe interessa é colaborar em benefício de todos, sem se importar com a maior ou menor relevância do posto que ocupa. A isso chama-se *solidariedade*, a qualidade de quem sabe colocar o bem comum acima do seu bem particular.

A *solidariedade* constitui uma qualidade extremamente importante no nosso clima cultural, permeado de egoísmo individualista. Alguns pensam que é algo facultativo, que se situa na linha do voluntariado, quando na realidade é uma obrigação de altíssima importância, não exigida pela lei, mas pela consciência pessoal.

Uma pessoa amadurecida já incorporou à sua vida, como tantas outras coisas, o *hábito da solidariedade*, exercitado em mil pequenas ajudas prestadas na vida ordinária: cuidar dos irmãos menores; prestar um serviço em casa; fazer um favor a um amigo ou colega; assistir um doente ou visitar uma pessoa que precise de apoio; oferecer uma ajuda financeira em momentos de apuro; substituir um colega de trabalho em alguma eventualidade extraordinária... e tantas coisas mais.

Trata-se, enfim, de cultivar, na expressão reiterada de João Paulo II na *Solicitudo rei socialis*, uma verdadeira *educação para a solidariedade*. Não pode ser apenas uma atitude demagógica – tão em moda nos tempos que correm –, mas uma realidade viva, que se traduza em gestos concretos.

Há pouco, um engenheiro brasileiro que mora há muitos anos na Polônia contou-me algo que me chamou a atenção. Quando o comunismo mandou derrubar algumas igrejas católicas, os fiéis paroquianos levaram as peças

# A MATURIDADE

e tijolos do templo para as suas casas. Depois de reinstaurado o regime de liberdade religiosa, cada fiel trouxe de casa o que tinha guardado, e em pouco tempo e com muita facilidade reconstruíram-se as igrejas destruídas. Extraordinário exemplo de solidariedade.

Cada um de nós tem de construir o edifício do bem comum com a sua contribuição, grande ou pequena, tal como se constrói uma casa tijolo a tijolo: a argamassa que une cada um desses tijolos é o amor solidário.

Sempre me impressionou a solidariedade que se vive dentro das favelas. Parece que o sofrimento e a carência mais absoluta vinculam as pessoas entre si. Sempre me encantou também aquela imagem que São Josemaria Escrivá utilizou tantas vezes: «Somos elos da mesma corrente». Ao considerá-la, sempre pensei: «Não posso quebrar, porque, se eu falhar, a corrente inteira cairá, partida». Imagem que evoca esses alpinistas que se sustentam mutuamente na perigosa ascensão de um cume inacessível: «A minha segurança é a segurança dos outros. Se eu não aguentar firme, os outros despencarão».

Neste nosso mundo globalizado, devemos sentir a premente responsabilidade não apenas pelos que estão ao nosso lado, mas também pelos que passam fome na Somália, pelos aidéticos em Uganda, pelos que têm as suas casas destruídas pelos bombardeios na Palestina, pelos que vivem acorrentados nas cadeias da China (entre os quais há muitos católicos, perseguidos unicamente pelo crime de terem fé). Não posso ir até esses países para ajudar a mudar a situação dessas pessoas? Sem dúvida; mas não posso ao menos *rezar* por elas, como tem insistido tanto o Papa João Paulo II?

Hoje estão de moda os congressos, as manifestações

pacifistas, os protestos multitudinários..., mas não está de moda o *sacrifício solidário*, vivido para solucionar as necessidades de pessoas concretas. Não de pessoas abstratas, não, mas de Fulano de Tal, com lepra; de Sicrana de Qual, com AIDS; de Beltrano, com nome e sobrenome, que mora na favela da Rocinha, da Lagartixa ou da Maré... É bem verdade que não podemos resolver todos os problemas dessas pessoas; mas podemos resolver efetivamente um pequeno problema concreto: «adotar» um aluno de uma escola técnica assistencial – pagar-lhe uma bolsa –, permitindo-lhe assim fazer um curso profissionalizante; ir com um mendigo determinado até a farmácia da esquina, para comprar-lhe o remédio de que precisa; pagar o almoço de um menino de rua... E *conversar* dez minutos com essas pessoas, para que ao menos sintam que alguém se interessa por elas.

«Não podemos fazer grandes coisas – costumava dizer Madre Teresa de Calcutá –, só podemos fazer coisas pequenas com um grande amor». E acrescentava: «São os pobres que me dão as vitaminas necessárias para fazer essas pequenas tarefas com grande amor»[29].

## Disposição de chegar ao sacrifício

A *solidariedade* – e mais exatamente a disposição que tenhamos de *sacrificar-nos* pelo bem de todos e de cada um – é o que marca o nível da nossa maturidade: sentir-mo-nos responsáveis pelos outros, compreender que os

---

(29) Cf. Miguel Ángel Velasco, *Madre Teresa de Calcutá*, 2ª ed., Quadrante, São Paulo, 2016, págs. 16 e 20.

# A MATURIDADE

outros precisam de nós, saber prescindir do que é nosso em benefício dos nossos semelhantes...

Há mil e um exemplos inesquecíveis desse espírito de sacrifício, que nos tocam no mais fundo do coração!... Exemplos como o do padre Damião de Veuster, o missionário que enterrou a sua vida na ilha de Molokai, no Havaí, a ilha mais temida do Pacífico por ter sido transformada em leprosário. Dali não quis mais sair, apesar da insistência dos seus superiores, a quem dizia: «Se eu sair, quem cuidará destes que parecem a escória do mundo, mas que são, na verdade, os mais queridos por Deus?...»

Foi arrepiante a emoção daqueles doentes que o amavam como o mais querido dos pais quando o sacerdote começou uma das suas homilias na capela de Kalawao, depois de doze anos entre eles: «Nós, os leprosos»... Foi a sua maneira peculiar de comunicar aos seus protegidos que contraíra a mesma doença que eles. Quatro anos depois, o santo morria corroído pela doença, mas mantendo no rosto desfigurado o sorriso que plasmava a alegria de quem dá a vida por amor. Mesmo depois de fechado o túmulo com terra, os leprosos não quiseram retirar-se; sentados no chão, conforme o costume ancestral, batiam no peito e, balançando lentamente o corpo, cantavam o lamento de despedida: «*Au-ee, Au-ee*»...[30]

Essa admirável maturidade manifesta-se em todas as pessoas que vivem ou viveram muito perto de Deus. Parece que a Sabedoria Eterna lhes penetra pelos poros da alma, aberta às inspirações divinas. É o caso, por exem-

---

(30) Cf. John Farrow, *Damião, o leproso*, Quadrante, São Paulo, 1995, págs. 151, 182 e 184.

plo, de Jacinta, uma das três pastorinhas que viram Nossa Senhora de Fátima. Lúcia, outra das videntes, conta nas suas *Memórias* que, quando foi visitá-la, doente de morte como estava, ao perguntar-lhe se sofria muito, recebeu a seguinte resposta:

– Sofro sim; mas ofereço tudo pelos pecadores e para reparar o Imaculado Coração de Maria!

Depois falou com entusiasmo de Nosso Senhor e de Nossa Senhora, e dizia: Gosto tanto de sofrer por Seu amor, para dar-lhes gosto! Eles gostam muito de quem sofre para converter os pecadores.

Outras vezes dizia: «Não se preocupe; estou bem». Se lhe perguntavam se precisava de alguma coisa, dizia: «Muito obrigada; não preciso de nada!» Quando se retiravam, dizia de si para si: «Tenho muita sede, mas não quero beber; ofereço a Jesus pelos pecadores». E um dia dizia a Lúcia: «Não quero que diga a ninguém que sofro; nem à minha mãe, porque não quero que se aflija»[31].

Esta forma de comportar-se não está reservada a pessoas excepcionais. Os que nos rodeiam também são capazes de assumir atitudes heroicas, e nós mesmos o somos.

Lembramo-nos com imenso agradecimento do sacrifício que fizeram por nós as pessoas que nos amaram verdadeiramente: os pais, os irmãos, os amigos... Recordamos com emoção esses sacrifícios diários, quando porventura escondiam o seu cansaço ou as suas aflições para que nós não nos preocupássemos, ou escolhiam para si o pior para

---

(31)  Cf. Irmã Lúcia, *O segredo de Fátima*, Loyola, São Paulo, 1974, págs. 20 e 30.

# A MATURIDADE

que a nós nos coubesse o melhor. Como nos comovemos quando verificamos que alguém realmente se sacrifica por nós! Experimentamos um arrepio de emoção quando constatamos que alguém está disposto a viver abnegadamente por nós – só por nós –, sem interesse próprio, só por amor, por puro amor!

Lembro-me de que a minha mãe dizia que gostava de cauda de peixe e de pescoço de frango. Quando criança, sempre estranhei aquilo. Foi apenas com o passar dos anos que cheguei a compreender a verdade: ela estava era fazendo das tripas, coração, para que a comida bastasse para todos, pois éramos nove irmãos... Como percebo agora que só alguém que ama com um amor maduro é capaz dessa discreta abnegação!

O sacrifício pelos outros é uma clara manifestação de solidariedade, e os momentos sacrificados da nossa vida – as situações difíceis – são como um teste para a nossa maturidade. A maturidade prova-se nas tribulações, que nos servem, sem dúvida, para amadurecer, mas também para revelar a maturidade. A dor, as carências e as dificuldades são grandes catalisadores: a maturidade dilata-se na carência como as pupilas se dilatam na noite.

O mais alto nível de maturidade humana encontra o seu ápice naquele momento supremo da Cruz em que Cristo tornou realidade essas suas palavras: *Ninguém tem mais amor do que aquele que dá a vida pelos seus amigos* (Jo 15, 13). Os santos são aqueles que tentaram atingir esse nível de amor. Santidade e maturidade integral identificam-se, como veremos adiante.

Paradoxalmente, quem mais dá é também quem mais recebe, de acordo com a proposição evangélica: *Dai e dar-se-vos-á. Uma medida boa, cheia, calcada e transbor-*

*dante será derramada no vosso seio, pois com a medida com que medirdes sereis medidos também vós* (Lc 6, 38). Foi o que aconteceu com Jesus na Cruz: a sua morte foi a nossa salvação. *Quando foi levantado na Cruz, tudo atraiu a si* (cf. Jo 12, 32).

É uma verdade aquilo que Kierkegaard expressa com um exemplo bem gráfico: «A felicidade está numa sala maravilhosa onde todos querem entrar, tentando abrir a porta para dentro, para si, mas quanto mais a querem abrir para si, mais a trancam, porque a porta se abre para fora, para os outros»[32]. Imagem que emoldura um princípio estabelecido vinte séculos antes por Cristo, quando disse: *Quem quiser salvar a vida perdê-la-á, mas quem perder a sua vida por amor de mim, salvá-la-á* (Mc 8, 35).

Perder-se e salvar-se têm entre si uma relação inversamente proporcional: a procura de si mesmo traz a perda de si próprio; e a perda de si próprio traz a realização pessoal. É o que acontece, respectivamente, com o imaturo narcisista e com aqueles que chegaram à altura do amor amadurecido, como um bom pai, uma boa mãe, um bom sacerdote... Enquanto aquele se procura a si mesmo e só encontra tristeza e solidão na sua torre de marfim, estes são felizes dando-se, esquecendo-se de si próprios, «perdendo-se», levando a sua responsabilidade e a sua solidariedade até o último limite.

---

(32) Cf. J. Colins, *El pensamiento de Kierkegaard*, México, 1958, pág. 128.

# DIMENSÕES FUNDAMENTAIS DA MATURIDADE

## A maturidade afetiva

A afetividade não está por assim dizer encerrada no coração, nos sentimentos, mas permeia toda a personalidade. Estamos continuamente *sentindo* aquilo que pensamos e fazemos. Por isso, qualquer distúrbio da vida afetiva acaba por impedir ou pelo menos entravar o amadurecimento da personalidade como um todo.

Observamos isto claramente no fenômeno de «fixação na adolescência» ou na «adolescência retardada». Como já anotamos, o adolescente caracteriza-se por uma *afetividade egocêntrica e instável*; essa característica, quando não superada na natural evolução da personalidade, pode sofrer uma «fixação», permanecendo no adulto: este é um dos sintomas da imaturidade afetiva.

É significativo verificar como essa imaturidade parece ser uma característica da atual geração. No nosso mundo

# A MATURIDADE

altamente técnico e cheio de avanços científicos, pouco se tem progredido no conhecimento das profundezas do coração, e daí resulta aquilo que Alexis Carrel, prêmio Nobel de Medicina, apontava no seu célebre trabalho *O homem, esse desconhecido*: vivemos hoje o drama de um *desnível gritante entre o fabuloso progresso técnico e científico e a imaturidade quase infantil no que diz respeito aos sentimentos humanos*.

Mesmo em pessoas de alto nível intelectual, ocorre um autêntico *analfabetismo afetivo*: são indivíduos truncados, incompletos, mal-formados, imaturos; estão preparados para trabalhar de forma eficiente, mas são absolutamente incapazes de amar. Esta desproporção tem consequências devastadoras: basta reparar na facilidade com que as pessoas se casam e se «descasam», se «juntam» e se separam. Dão a impressão de reparar apenas na camada epidérmica do amor e de não aprofundar nos valores do coração humano e nas leis do verdadeiro amor.

Quais são, então, os valores do verdadeiro amor? Que significado tem essa palavra?

O amor, na realidade, tem um significado polivalente, tão difícil de definir que já houve quem dissesse que o amor é aquilo que se sente quando se ama, e, se perguntássemos o que se sente quando se ama, só seria possível responder simplesmente: «Amor». Este círculo vicioso deve-se ao que o insigne médico e pensador Gregorio Marañón descrevia com precisão: «O amor é algo muito complexo e variado; chama-se amor a muitas coisas que são muito diferentes, mesmo que a sua raiz seja a mesma»[1].

---

(1)  G. Marañón, *Ensayo sobre la vida sexual*, Madri, 1969, pág. 186.

## A imaturidade no amor

Hoje, considera-se a satisfação sexual autocentrada como a expressão mais importante do amor. Não o entendia assim o pensamento clássico, que considerava o amor da mãe pelos filhos como o paradigma de todos os tipos de amor: o amor que prefere o bem da pessoa amada ao próprio. Este conceito, perpassando os séculos, permitiu que até um pensador como Hegel, que tem pouco de cristão, afirmasse que «a verdadeira essência do amor consiste em esquecer-se no outro»[2].

Bem diferente é o conceito de amor que se cultua na nossa época. Parece que se retrocedeu a uma espécie de *adolescência da humanidade*, onde o que mais conta é o prazer. Este fenômeno tem inúmeras manifestações. Referir-nos-emos apenas a algumas delas:

– *Edifica-se a vida sentimental sobre uma base pouco sólida*: confunde-se amor com namoricos, atração sexual com enamoramento profundo. Todos conhecemos algum «don Juan»: um mestre na arte de conquistar e um fracassado à hora da abnegação que todo amor exige. Incapazes de um amor maduro, essas pessoas nunca chegam a assimilar aquilo que afirmava Montesquieu: «É mais fácil conquistar do que manter a conquista».

– *Diviniza-se o amor*: «A pessoa imatura – escreve Enrique Rojas – idealiza a vida afetiva e exalta o amor conjugal como algo extraordinário e maravi-

---

(2) Cit. em *Enciclopédia de sexualidad de la pareja*, Madri, 1966, Espasa-Calpe, pág. 72.

# A MATURIDADE

lhoso. Isto constitui um erro, porque não aprofunda na análise. O amor é uma tarefa esforçada de melhora pessoal durante a qual se burilam os defeitos próprios e os que afetam o outro cônjuge [...]. *A pessoa imatura converte o outro num absoluto.* Costuma-se pagar caro por isso. É natural que ao longo do namoro exista um *deslumbramento* que impede de reparar na realidade, fenômeno que Ortega y Gasset designou por «doença da atenção», mas também é verdade que o difícil convívio diário coloca cada qual no seu lugar; a verdade aflora sem máscaras, e, à medida que se desenvolve a vida ordinária, vai aparecendo a imagem real»[3].

– No imaturo, o amor fica «cristalizado», como diz Stendhal, nessa fase de *deslumbramento*, e não aprofunda na «versão real» que o convívio conjugal vai desvendando. Quando o amor é profundo, as divergências que se descobrem acabam por superar-se; quando é superficial, por ser imaturo, provocam conflitos e frequentemente rupturas.

A pessoa afetivamente imatura desconhece que *os sentimentos não são estáticos, mas dinâmicos.* São suscetíveis de melhora e devem ser cultivados no viver quotidiano. São como plantas delicadas que precisam ser regadas diariamente. «*O amor inteligente exige o cuidado dos detalhes pequenos* e uma alta porcentagem de *artesanato psicológico*»[4].

– A pessoa consciente, madura, sabe que *o amor se constrói dia após dia*, lutando por corrigir defeitos,

---

(3) E. Rojas, *¿Quién eres?*, 10ª ed., Temas de Hoy, Madri, 2002, pág. 128.

(4) *Ibidem.*

104

DIMENSÕES FUNDAMENTAIS DA MATURIDADE

contornar dificuldades, evitar atritos e manifestar sempre afeição e carinho.

– *Os imaturos querem antes receber do que dar.* Quem é imaturo quer que todos sejam como uma peça integrante da máquina da sua felicidade. Ama somente para que os outros o realizem. Amar para ele é uma forma de satisfazer uma necessidade afetiva, sexual, ou uma forma de autoafirmação. O amor acaba por tornar-se uma espécie de «grude» que prende os outros ao próprio «eu» para completá-lo ou engrandecê-lo.

Mas esse amor, que não deixa de ser uma forma transferida de egoísmo, desemboca na frustração. Procura cada vez mais atrair os outros para si e os outros vão progressivamente afastando-se dele. Acaba abandonado por todos, porque ninguém quer submeter-se ao seu pegajoso egocentrismo; ninguém quer ser apenas um instrumento da felicidade alheia.

Os sentimentos são caminho de ida e volta; deve haver *reciprocidade.* A pessoa imatura acaba sempre queixando-se da solidão que ela mesma provocou por falta de espírito de renúncia. A nossa sociedade esqueceu quase tudo sobre o que é o amor. Como diz Enrique Rojas: «*Não há felicidade se não há amor e não há amor sem renúncia.* Um segmento essencial da afetividade está tecido de sacrifício. Algo que não está na moda, que não é popular, mas que acaba por ser fundamental»[5].

Há pouco, um amigo, professor de uma Faculdade de Jornalismo, referiu-me um episódio relacionado

---

(5) *Ibidem.*

# A MATURIDADE

com um seu primo – extremamente egoísta – que se tinha casado e separado três vezes. No cartão de Natal, após desejar-lhe boas festas, esse professor perguntava-lhe em que situação afetiva se encontrava. Recebeu uma resposta chocante: «Assino eu e a minha gata. Como ela não sabe assinar, o faz estampando a sua pata no cartão: são as suas marcas digitais. Este animalzinho é o único que quer permanecer ao meu lado. É o único que me ama».

O imaturo pretende introduzir o outro no seu projeto pessoal de vida, em vez de tentar contribuir com o outro num projeto construído em comum. A felicidade do cônjuge, da família e dos filhos: esse é o projeto comum do verdadeiro amor. As pessoas imaturas não compreendem que a dedicação aos filhos constitui um fator importante para a estabilidade afetiva dos pais. Também não assimilaram a ideia de que, para se realizarem a si mesmos, têm de se empenhar na realização do cônjuge. Quem não é *solidário* termina *solitário*. Ou juntando-se a uma «gatinha», seja de que espécie for.

## Educar a afetividade

Mais do que nunca, é preciso prestar atenção hoje à *educação da afetividade dos filhos* e à *reeducação da afetividade dos adultos*. Uma educação e uma reeducação que devem ter como base esse conceito mais nobre do amor que acabamos de formular: aquele que vai superando o estágio do *amor de apetência* – que apetece e dá prazer – para passar ao *amor de complacência* – que compraz afetivamente – e abrir-se ao *amor oblativo de benevolên-*

*cia* – que sabe renunciar e entregar-se para conseguir o bem do outro[6].

O amor maduro exige domínio próprio: ir ascendendo do mundo elementar – imaturo – do mero prazer, até o mundo racional e espiritual em que o homem encontra a sua plena dignidade. Reclama que se canalizem as inclinações naturais sensitivas para pô-las ao serviço da totalidade da pessoa humana, com as suas exigências racionais e espirituais. Requer que se conceda à vontade o seu papel reitor, livre e responsável. Pede que, por cima dos gostos e sentimentos pessoais, se valorizem os compromissos sérios reciprocamente assumidos... Aaron Beek, no seu livro *Só o amor não basta*, insiste repetidamente em que é necessária a determinação da vontade para dar consistência aos movimentos intermitentes do coração: o mero sentimento não basta.

O «amor como *dom de si* comporta – diz o *Catecismo da Igreja Católica* – uma aprendizagem do *domínio de si* [...]. As alternativas são claras: ou o homem comanda e domina as suas paixões e obtém a paz, ou se deixa subjugar por elas e se torna infeliz. Esse domínio de si mesmo é um *trabalho a longo prazo*. Nunca deve ser considerado definitivamente adquirido. Supõe um esforço a ser retomado em todas as idades da vida»[7].

Isto significa *cultivar o amor*. O maior de todos os amores desmoronar-se-á se não for aperfeiçoado diariamente. Empenho este que, na vida diária, se traduz no esforço por esmerar-se na realização das pequenas coisas,

---

(6) Cf. Rafael Llano Cifuentes, *As crises conjugais*, 2ª ed., Quadrante, São Paulo, 2016, págs. 112-117.

(7) *Catecismo da Igreja Católica*, n. 2312.

# A MATURIDADE

à semelhança do trabalho do ourives, feito com filigranas delicadamente entrelaçadas cada dia, na tarefa de aprimorar o trato mútuo, evitando os pormenores que prejudicam a convivência.

A convivência é uma arte preciosa. Exige uma série de diligências: prestar atenção habitual às necessidades do outro; corrigir os defeitos; superar os pequenos conflitos para que não gerem os grandes; aprender a escutar mais do que a falar; vencer o cansaço provocado pela rotina; retribuir com gratidão os esforços feitos pelo outro... e, especialmente, renovar, no pequeno e no grande, *o compromisso de uma mútua fidelidade* que exige perseverança nas menores exigências do amor..., uma perseverança que não goza dos favores de uma sociedade hedonista e permissivista, inclinada sempre ao mais gostoso e prazeroso.

O coração não foi feito para amoricos, dizíamos, mas para amores fortes. O *sentimentalismo* é para o amor o que a caricatura é para o rosto. Alguns parecem ter o coração de *chiclete*; apegam-se a tudo. Uns olhos bonitos, uma voz meiga, um caminhar charmoso, podem fazer-lhes tremer os fundamentos da fidelidade. Outros parecem inveterados novelistas: sentem sempre a necessidade de estar envolvidos em algum romance, real ou imaginário, sendo eles os eternos protagonistas: dão a impressão de que a *televisão mental* lhes absorve todos os pensamentos.

Precisamos educar o nosso coração para a fidelidade. Amores maduros são sempre amores fiéis. Não podemos ter um coração de bailarina. A guarda dos sentidos – especialmente da vista – e da imaginação há de proteger-nos da inconstância sentimental, do comportamento volátil de um «beija-flor»...

Tudo isto faz parte do que denominávamos *a educação*

DIMENSÕES FUNDAMENTAIS DA MATURIDADE

*afetiva dos jovens e a reeducação afetiva dos adultos.* João Paulo II a chama «*a educação para o amor como dom de si*: diante de uma cultura que "banaliza" em grande parte a sexualidade humana, porque a interpreta e vive de maneira limitada e empobrecida, ligando-a exclusivamente ao corpo e ao prazer egoístico, a tarefa educativa deve dirigir-se com firmeza para uma cultura sexual verdadeira e plenamente pessoal. A sexualidade, de fato, é uma riqueza da pessoa toda – corpo, sentimento e alma –, e manifesta o seu significado íntimo ao levar a pessoa ao dom de si no amor»[8].

## A maturidade espiritual

Assim como a semente tende a desenvolver todas as potencialidades que estão no seu código genético, da mesma maneira a vida da graça, recebida no Batismo, tende à sua plena maturidade. Essa maturidade pode ser chamada de *santidade*. Santidade e maturidade, neste sentido, são sinônimos.

A santidade não é algo extraordinário, mas a consequência ordinária do amadurecimento da alma que corresponde à graça do Espírito Santo. João Paulo II, na Carta apostólica *Novo millennio ineunte*, diz-nos que esta é uma *verdade que diz respeito a todos os cristãos*: «Perguntar a um batizando: "Queres receber o batismo?", significa ao mesmo tempo interrogá-lo: "Queres fazer-te santo?" [...] Este ideal não é um caminho extraordinário, que possa

---

(8) João Paulo II, Exortação Apostólica *Familiaris Consortio*, n. 37.

## A MATURIDADE

ser percorrido apenas por algum "gênio" da santidade»[9], mas o caminho ordinário que deve ser palmilhado por qualquer cristão.

Chegar à santidade é, repetimos, tão normal para um cristão como chegar à plena maturidade. A santidade é o fruto maduro da vida espiritual. A árvore dá naturalmente o seu fruto: os frutos constituem o último esforço da árvore, a sua natural consequência e ao mesmo tempo o mais nobre resultado que ela é capaz de produzir, o que assegura a conservação da espécie e, na linguagem mais comum, o mais gostoso que ela pode oferecer: «Chama-se fruto – escreve São Tomás – ao produto da planta que chega à perfeição e tem certa doçura»[10]. E a santidade é – insistimos – o fruto natural, perfeito, sazonado, da vida que nos foi comunicada pelo Batismo.

A maturidade humana e a espiritual complementam-se entre si, formando uma personalidade integral, uma unidade de vida harmoniosa, equilibrada, que encanta e cativa: é o fruto maduro que estava escondido embrionariamente na pequena semente plantada na nossa alma pelo Batismo.

É extremamente sugestivo que o historiador Vianna Moog, no seu conhecido livro *Bandeirantes e pioneiros*, de um ponto de vista puramente antropológico, apresente a *santidade como sinônimo de maturidade*. E o faz no contexto da vida de Antônio Francisco Lisboa, o Aleijadinho, que, de acordo com esse autor, «imitando a vida de Cristo no exemplo de São Francisco de Assis, superou o complexo da sua deformidade física progressiva e também da sua

---

(9) João Paulo II, Carta Apostólica *Novo millennio ineunte*, n. 31.

(10) São Tomás de Aquino, *Summa Theologica*, I-II, q. 70, a. 1.

fraqueza psíquica e espiritual. Só através dessa imitação é que ele, um imaturo, atingiu a plena maturidade. «Na primeira fase da sua vida, era um homem folgazão, medíocre e imaturo. Mas quando a doença traiçoeira parece prostrá-lo no chão e inutilizá-lo, ele se lança nos braços de Jesus Cristo. Envereda pela estrada da santidade. É então que chega, não só à maestria artística, mas à maturidade humana e espiritual. Daí datam as suas maiores realizações artísticas e a maior de todas as suas realizações: a arte de realizar-se a si mesmo, vencendo a doença física e a limitação psíquica, tornando-se um gênio tocado de um halo de *santidade*.

«Que regra conterá essa nova e edificante lição do Aleijadinho? Contém um regra velha de dois mil anos: a estrada real para a plena maturidade é a busca da santidade. Como? Então normalidade é sinônimo de santidade? E os heróis de Carlyle, e as pessoas que nos rodeiam, tão boas, tão amenas, tão cordiais? Em verdade, não são normais. Quando muito, são subnormais. Normal é o santo.

«Que é normal? Psiquiatras e psicanalistas relutam em defini-lo. Entretanto, não há dúvida sobre o que é anormal. Anormal, imaturo, segundo eles, é o desajustado, o inibido, o egoísta, o avaro, o que nada dá de si mesmo e só recebe [...]. Esse é o imaturo, esse é o anormal. Ora, se esse é o imaturo, o anormal, normalidade e maturidade devem ser, só podem ser, o contrário. Quer dizer: aquele que mais der de si mesmo e menos exigir da sociedade em que vive, esse é normal, esse é maduro. E quando é santo, então é a maturidade plena, a grande normalidade»[11].

---

(11) V. Moog, *Bandeirantes e pioneiros*, Globo, Rio de Janeiro, 1997, págs. 402-403.

# A MATURIDADE

Valfredo Tepe corrobora essa opinião de Vianna Moog numa linguagem mais espiritual: «Realmente, se o dom de si é sinal de maturidade humana, o santo é o homem perfeito. Pois a libertação de toda reversão sobre o Eu, a total doação ao Tu, seja o Tu divino, seja o Tu humano, não são efeitos dos métodos psicológicos, mas do dom divino, da graça. É na vitória progressiva da caridade sobre o egoísmo e a agressividade que se patenteia o desdobramento do homem em direção à maturidade humana e sobrenatural»[12].

Seguindo essa linguagem espiritual, recordemos que o Evangelho de São Marcos nos fala do crescimento da semente lançada na terra (cf. Mc 4, 26-32) que, uma vez semeada, cresce independentemente de que o dono do campo durma ou esteja acordado, e sem que ele saiba como isso acontece. Assim sucede com a semente da graça que recebemos do Senhor no Batismo: se não lhe levantamos obstáculos, se lhe permitimos crescer, dá o seu fruto – fruto de santidade – independentemente de quem semeia ou de quem rega, porque *é Deus quem dá o crescimento* (1 Cor 3, 5-9).

## Cooperar com a graça

É Deus quem faz crescer a semente da santidade, mas nós temos de *cooperar* generosamente com Ele. Pois a santidade, a maturidade espiritual, depende em grande medida de sermos fiéis ao Espírito Santo. A preocupa-

---

(12) V. Tepe, *O sentido da vida*, 4ª ed., Mensageiro da Fé, Salvador, 1972, pág. 171.

DIMENSÕES FUNDAMENTAIS DA MATURIDADE

ção quase única da alma há de consistir em chegar a conseguir a mais delicada, constante e sensível fidelidade à graça.

Ao longo da história da Igreja, têm aparecido incontáveis figuras cuja maturidade se deve, não à idade, mas a um trabalho de sazonamento feito pelo Espírito Santo no fundo da alma, concedendo uma ciência, uma sabedoria que ultrapassa em muito aquilo que se consegue absorver apenas com a passagem dos anos.

Santa Teresa de Lisieux é uma dessas personalidades notáveis que, já desde os quinze anos, nos começos da sua vida religiosa, demonstrou possuir uma maturidade consumada. A Madre Maria Gonzaga, sua superiora, escrevia a seu respeito: «Jamais poderia acreditar que uma menina de quinze anos pudesse ter um critério tão amadurecido; desde os primeiros tempos do seu noviciado, não havia nenhum reparo a fazer-lhe, tudo era perfeito»[13]. Apesar da pouca idade com que morreu – apenas vinte e quatro anos –, foi nomeada doutora da Igreja.

Não é de estranhar que, no decorrer do tempo, tenham aparecido personalidades como Santa Catarina de Sena que, ainda muito jovem, com a força dos seus conselhos, trouxe o Papa de Avinhão para Roma e se tornou o seu braço direito e a sua melhor conselheira. Ou como Santa Joana D'Arc, simples camponesa de Domrémy, uma aldeia francesa, que com os seus poucos anos reabilitou a dignidade de Carlos VII da França e, desconhecendo por completo a arte militar, traçou planos e dirigiu operações

---

(13) Alexis Riaud, *A ação do Espírito Santo na alma*, Quadrante, São Paulo, 1998, pág. 50.

# A MATURIDADE

que deixaram os mais experientes comandantes dos exércitos franceses pasmados de admiração, além de fomentar a vida moral e espiritual dos soldados.

E se estes dois exemplos não são aplicáveis à maioria das pessoas, porque são fruto de graças extraordinárias, são milhares os que se aplicam. Reparemos apenas em um deles: Montserrat Grases. Montse, como era chamada carinhosamente, era uma moça jovem, bonita e inteligente. Pertencia ao Opus Dei. Com dezessete anos, diagnosticaram-lhe um tipo de câncer incurável, um sarcoma de Ewing, na perna esquerda. Em pouco tempo, passou a sofrer dores contínuas, mas permaneceu sempre alegre.

Costumava repetir uma jaculatória que tinha aprendido em *Caminho*: «Jesus, o que Tu "quiseres"..., eu o amo»[14]. Daí lhe vinham a serena paciência e o constante sorriso, que chamavam a atenção de todos os que a visitavam.

Morreu consumida pela doença, mas morreu feliz, com uma felicidade que só se podia explicar por esse amadurecimento espiritual que se chama santidade; tanto assim, que o seu processo de beatificação está bastante adiantado[15]. Essa vida breve e densa – *plena* – indica-nos que podemos, e na verdade devemos começar a viver desde já essa seriedade e responsabilidade perante Deus que alguns só adquirem passados muitos anos, e outros nunca.

A graça de Deus apresenta-se às vezes revestida da roupagem da dor. Corresponder à graça significa, nesses

---

(14) Josemaria Escrivá, *Caminho*, 11ª ed., Quadrante, São Paulo, 2016, n. 773.

(15) Cf. J.M. Cejas, *Montse Grases. La alegria de la entrega*, Rialp, Madri, 1993, págs. 163 e segs.

## DIMENSÕES FUNDAMENTAIS DA MATURIDADE

casos, aceitar a dor e oferecê-la a Deus em união com o sacrifício redentor de Cristo. Isto, além de representar um mérito imenso, amadurece a alma, pois não há nada que torne uma pessoa mais infantilizada do que fugir da dor e do sacrifício. A dor é como o sol do verão que castiga, mas faz amadurecerem os frutos.

Em certas regiões da Espanha, quando os figos estão verdes, os agricultores espetam-lhes agulhas para que amadureçam mais depressa. Assim faz Deus com os homens: para que amadureçam mais plenamente, permite que as circunstâncias lhes espetem os cravos da sua Santa Cruz, como aconteceu com Montse. O mesmo poderia acontecer conosco, e na verdade acontece todos os dias em pequena escala. Que enorme desperdício se deixássemos de acolher a dor, os sofrimentos, as pequenas contrariedades como um mensageiro do Redentor!

Deus, como Pai, tem planos magníficos a respeito de cada um de nós. Sonha com a nossa plenitude espiritual e com os nossos frutos apostólicos maduros; mas é possível que, se não correspondermos à graça como devemos, a grandiosa biografia da nossa vida – sermos protagonistas da extraordinária aventura da santidade – acabe por converter-se numa nota necrológica de jornal do interior... Talvez estejamos trocando desta forma, sem dar por isso, a grande sinfonia que poderia ter sido a nossa vida por uma «marchinha de carnaval» frívola, superficial, mais própria para ser interpretada por uma criançola irresponsável do que por um homem em toda a sua grandeza e dimensão.

Também aqui parece haver como que um fenômeno de «fixação retrógrada», de retardamento na maturação que faz com que o crescimento interior fique cristalizado numa fase embrionária. Talvez avancemos lentamente

# A MATURIDADE

demais, como essas crianças que só crescem a muito custo e ficam estacionadas, pequeninas..., e a morte pode surpreender-nos não havendo nós dado cinquenta passos, quando poderíamos ter dado dez mil... A que alturas humanas e espirituais poderíamos chegar se nos decidíssemos a dar esses grandes passos em direção à maturidade completa! E, no entanto, contentamo-nos – por comodismo e desleixo – com dar passos de anão.

Esse ser atrofiado – essa criança retardada – em que se converteu aquele santo em potencial, a partir de uma determinada idade começa a sentir nostalgia de altura, morre de saudades desse grande amor que deixou perder-se nos pequenos regatos dos comodismos e das compensações gostosas. No início, talvez não tivesse tomado consciência de que o aconchego mesquinho da horizontalidade apática, o luxo e o prazer dos sentidos, a segurança anestesiante do dinheiro, desempenhavam a função de umas tesouras trucidantes que iam recortando imperceptivelmente as asas da grande águia que estava destinado a ser, para se converter numa vulgar ave de terreiro, capaz apenas de voos ridículos. Agora que se aproxima a metade da vida, começa a experimentar dores nas asas cortadas, frustrações no coração mutilado..., as consequências nefastas das suas contínuas infidelidades às inspirações do Espírito Santo... Algo por dentro parece dizer-lhe: «Tu tens coração de águia... e te contentaste com voar como galinha!»

«A situação dessas *almas retardadas* – escreve Garrigou-Lagrange – corresponde à figura das *almas tíbias*»[16].

---

(16) R. Garrigou-Lagrange, *Las tres edades de la vida interior*, 8ª ed., Palabra, Madri, 1995, pág. 531.

Encontram-se nelas, de alguma forma, as características próprias da pessoa imatura: atração pelo imediato e sensível, a falta de domínio dos sentidos, o aburguesamento comodista, a falta de sensibilidade para as necessidades dos outros, a frivolidade, os sonhos e as fantasias sentimentais...

Essas pessoas talvez não cheguem a viver habitualmente em situação de pecado, podem até ser católicas praticantes, mas alimentam-se de rotinas, de desleixos e abandonos... Não souberam crescer, perderam o *fervor da primeira caridade* (cf. Apoc 2, 4). «E quem não cresce no amor, recua», diz Santo Agostinho.

O penoso estado dos espiritualmente imaturos lembra-me a figura decadente de um grande jogador de futebol que encontro com frequência na rua, no meu caminho habitual. Deparo-me com ele sentado na sacada de um bar com um copo de cerveja na frente: olhos baços, inchado de álcool, gordurento, desleixado... O grande atleta, mundialmente famoso, converteu-se num farrapo...

Essa imagem repete-se na vida espiritual: encontramos também essas figuras caducantes – aburguesados, egoístas, mesquinhos – que estavam destinadas a ser verdadeiros atletas do espírito... A sua vida interior vai-se degradando progressivamente até que não se vislumbra no semblante desse herói, desse santo em potencial, senão a triste sombra da decadência. Se compararmos essa sombra humana com a personalidade daquele que chegou à maturidade espiritual – equilibrada, diligente, prestativa, solidária, vibrante e sempre aberta a novos horizontes –, sentimos um abalo, um arrepio que nos impele a gritar: «Não, não posso permitir que a minha alma fique assim! Não, não posso permitir em mim qualquer manifestação

# A MATURIDADE

de negligência, de moleza, de desídia!» Vale a pena lutar para alcançar a maturidade plena, para *chegar a atingir o estado do homem perfeito, a estatura da maturidade de Cristo* (Ef 4, 13).

Sim, vale a pena abrir as válvulas da alma para que entre nela o calor do Espírito Santo, o grande maturador da vida interior, que outorga uma suavidade, uma prudência audaciosa... a que nada de humano pode igualar-se. Quem a experimentou não a troca por nada; e quem não a experimentou ficou aquém do que há de mais sublime no ser humano.

## Maturidade, santidade e bom humor

A maturidade que vem de Deus – a santidade – torna-se *sabedoria*, um conhecimento *experimental* e *saboroso* de Deus, das pessoas e das coisas, cheio de uma indizível suavidade e doçura. Pela fé, nós cremos; pela *sabedoria* divina, *experimentamos* e *saboreamos* o que a fé nos ajuda a crer. Aqui a palavra *sabedoria* ganha um duplo significado: *saber* e *sabor*. As almas que a experimentam compreendem muito bem o sentido daquela expressão do Salmo: *Provai e vede quão suave é o Senhor* (Sal 33,9).

Da maturidade sobrenatural dimanam – como o perfume do fruto maduro – a serenidade, a paz e a alegria. São consequências da estabilidade de ânimo própria da maturidade. E essa estabilidade fundamenta-se na segurança que nos comunica a *Fé* – viver conscientes de que estamos nas mãos de um Pai que tudo sabe e que tudo pode –, a *Esperança* – que nos dá a certeza de estarmos no caminho da felicidade eterna –, e o *Amor* – que nos traz Deus para junto do coração –. Fé, Esperança e Amor, na sua expressão mais elevada, equivalem à santidade.

É por isso que a santidade, a paz e a alegria são diretamente proporcionais: mais santidade, mais maturidade, mais paz e alegria; um cristão amadurecido é sempre muito alegre. O ferro fica tanto mais quente quanto mais perto está do fogo; quando está dentro dele, torna-se rubro: vermelho-vivo como o próprio fogo. Assim é a santidade: quanto mais perto de Deus, mais ardente, mais feliz. *Deus é Amor* (1 Jo 4, 16), é uma fornalha de infinito amor: *um fogo devorador* (Hebr 12, 28).

O homem verdadeiramente santo, que atingiu a maturidade espiritual, transborda de um calor, de uma felicidade tão grande que já não cabe mais no seu íntimo. Brota com a força com que a flor germina da planta por não suportar mais toda a primavera que traz dentro de si. Esse homem conquista todas as simpatias: torna-se necessariamente *amável*, porque a sua alegria é essencialmente contagiosa, atrai.

É uma alegria profunda, mas não teórica: sente-se realmente, como se tivesse sido aberta uma nova rede de vasos sanguíneos que irrigassem de júbilo todo o organismo e despertassem as fibras adormecidas da sensibilidade. É uma alegria que tem a propriedade de descobrir nas coisas mais insignificantes um motivo de felicidade: sabe encontrar «algo» divino e encantador no trabalho profissional, no trato de amizade ou de carinho, na convivência entre marido e mulher, nos pormenores afetivos da vida familiar, no esplendor da beleza e da natureza humana e até na própria dor purificadora.

# A MATURIDADE

Não é uma alegria *fisiológica*, de animal são[17], mas um sereno e repousado contentamento – fruto da união com Deus – capaz de permear os sentimentos mais íntimos, os nossos *humores*, como diziam os médicos antigos. É por esta razão que a pessoa que chega a atingir essa madureza espiritual está tão longe de atitudes ríspidas, altivas, prepotentes, autoritárias, mal-humoradas, azedas, carrancudas... e tão perto da delicadeza no trato, do acolhimento afável, do espírito de serviço, da alegria comunicativa, do *bom humor*...

As pessoas que levam muito a sério determinados acontecimentos são aquelas que se levam a si mesmas «muito a sério»: tudo o que as afeta é extraordinariamente importante e, por isso, terminam sendo ridículas. Uma pessoa espiritualmente madura sabe tirar importância espontaneamente àquilo que lhe diz respeito, sabe utilizar a arte de desdramatizar, de dar uma tonalidade leve ao que é difícil e um enfoque bem-humorado às situações constrangedoras.

Sem um pouco de *humor*, a vida torna-se demasiadamente pesada. As penas e as tristezas estão sempre dançando lado a lado e, se não tivermos a capacidade de dançar com elas, trocando o ritmo da música triste em compassos alegres, converter-nos-emos em pessoas «sérias», sisudas, com as quais será difícil conviver.

Só um breve episódio biográfico de São Josemaria Escrivá que é muito sugestivo neste sentido. Certa vez, depois de uma forte contrariedade, o santo tinha perdido a sua habitual alegria: «Irritei-me – comentava –, e depois irritei-me por me ter irritado». Nesse estado de ânimo, indo

---

(17) Cf. Josemaria Escrivá, *Caminho*, n. 65.

por uma rua de Madri, passou diante de uma máquina fotográfica automática e teve a ideia de tirar um retrato para dar a si mesmo uma lição de bom humor. Entrou na cabine e fez a fotografia. E depois, zombando de si mesmo, dizia: «Estava engraçadíssimo com a cara de irritação! Trouxe a foto na carteira durante um mês. De vez em quando olhava-a, para ver a cara de irritação, humilhar-me diante do Senhor e rir-me de mim mesmo: por seres bobo!, dizia para mim»[18].

Costumava repetir que um filho de Deus «tem o direito e o dever de não perder nunca a alegria, aconteça o que acontecer», e também: «A nossa missão é tornar alegre e amável o caminho da santidade no mundo»[19].

Quando os problemas íntimos, os acontecimentos negativos que nos rodeiam, a tensão do trabalho, o cansaço da rotina, os nervos exasperados toldam o horizonte do nosso dia, um toque de bom humor é como uma pincelada azul no quadro da vida, como uma lufada de ar refrescante que refrigera a alma.

Converter o caráter habitual dos nossos pensamentos de melancólico ou sério em bem-humorado é coisa muito séria: dá a todos os acontecimentos uma perspectiva otimista. Permite filtrar o que têm de positivo e rejeitar implacavelmente tudo o que poderia dar lugar a depressões doentias. Cria o hábito de descobrir o lado bom que as pessoas e as coisas têm. Não cobre o presente de sombrias apreensões do futuro, pois abandona esse futuro nas mãos de Deus. Ajuda a passar rapidamente da *preocupação* à

---

(18) Cf. José Luis Soria, *Mestre de bom humor*, 2ª ed., Quadrante, São Paulo, 2018, pág. 116.
(19) Cf. *Idem*, pág. 35.

# A MATURIDADE

*ocupação*, superando agilmente a preguiça. Apaga imediatamente a faísca que pode provocar uma controvérsia. Ensina-nos a agradecer os males que não nos alcançam ao invés de nos lamentarmos dos bens de que somos privados. Ajuda-nos a oferecer a Deus, com espírito esportivo, as dores e as dificuldades; a levar com garbo a «ladeira empinada» das segundas-feiras e os cansaços das sextas; a não dar muita importância às gripes trimestrais e às enxaquecas semanais; a encontrar momentos de descanso e de lazer; a rir um pouco de nós mesmos, de como somos ridículos, e rir também dos pequenos incômodos que as desatenções e indelicadezas do próximo nos causam...

Por isso, a alegria de que falamos não é uma alegria beata, artificial, alegria pueril ou ingênua, mas a tradução prática e amável daquele lema de São Paulo: *Para os que amam a Deus, tudo coopera para o bem* (Rom 8, 28).

É assim que os acontecimentos – especialmente as lágrimas que ocasionam – acabam por converter-se em afluentes do grande rio de paz que desemboca no mar da infinita felicidade de Deus. Desse modo entende-se também que, no meio das sombras desta vida, se comece a sentir na Terra um sabor antecipado de Céu, e que alguém que viveu a plenitude da alegria no meio de sofrimentos muito grandes, possa ter escrito ao atingir a completa maturidade espiritual: «Estou cada vez mais persuadido disto: a felicidade do Céu é para os que sabem ser felizes na terra»[20]. Esta é a plenitude da maturidade.

---

(20) Josemaria Escrivá, *Forja*, 4ª ed., Quadrante, São Paulo, 2016, n. 1005.

# ROTEIRO PARA A MATURIDADE

Como conclusão das nossas reflexões, ser-nos-á muito útil expor – sob a forma de um roteiro de exame em perguntas sintéticas, práticas, operativas – algumas «táticas» de luta que nos ajudem a ganhar essa maturidade que é como o resultado homogêneo de todas as virtudes assumidas no seu conjunto. A maturidade pode ser entendida como o acabamento das virtudes consideradas globalmente, como o *nexo de união* entre todas elas, como a expressão visível dessa *unidade de vida* que traz coerência e harmonia aos diversos aspectos da nossa personalidade.

1. Dedico um tempo diário – pelo menos uns quinze minutos – à reflexão pausada sobre os acontecimentos da minha vida e as minhas reações perante eles? Transformo essa *meditação* num diálogo com Deus, para compreender o sentido divino que todas as coisas têm?

# A MATURIDADE

2.  Faço um breve exame de consciência para ir incorporando as lições do dia que está prestes a acabar? Nesse exame, procuro focar com clareza os erros cometidos, formulando o propósito expresso e firme de não repeti-los no dia seguinte?

3.  Graças a esses meios, vou adquirindo um conhecimento claro, realista e sereno dos defeitos e limitações do meu caráter? Estabeleço um plano de combate a longo prazo que me permita superar essas deficiências?

4.  Adquiri, pela reflexão e pedindo conselho, uma serena consciência do sentido da minha vida e da missão que, nas minhas circunstâncias, Deus espera que eu realize? Ponho todos os meios para ordenar a minha vida de acordo com essa missão?

5.  Evito com firmeza os devaneios sentimentais e imaginativos, bem como os nervosismos, o atabalhoamento, as correrias destrambelhadas? Reflito sempre antes de agir? Pergunto a mim mesmo: «Que faria Cristo se estivesse no meu lugar? Que quer Deus de mim nesta tarefa?»

6.  Corto decididamente os ressentimentos, a autopiedade e o vitimismo, quando surgem no meu íntimo? Esforço-me por perdoar e compreender sempre aqueles que me cercam, quando me parece ter sido vítima de um descaso ou de uma ofensa?

7.  Luto por manter o meu temperamento dominado, sem «soltar as rédeas» naquilo de que gosto – comida, formas de lazer, esportes, *hobbies*...?

8. Corto decididamente as tentações da sensualidade e da preguiça? Evito relacionamentos, conversas, olhares, leituras e espetáculos que possam perturbar a limpidez dos meus sentimentos ou a fidelidade aos meus compromissos?

9. Cumpro sempre o dever de cada momento, ainda que me custe ou me seja desagradável? Faço sempre o meu trabalho da melhor maneira que sou capaz, pondo nele todas as minhas forças intelectuais e físicas?

10. Evito os adiamentos? Empreendo decididamente aquilo que vejo ser o correto? Tenho este propósito bem claro: «O que me propus, devo cumpri-lo», mesmo no que parece pequeno?

11. Aceito com paciência e alegria as pequenas contrariedades de cada jornada? Evito firmemente as queixas e lamúrias, tendo presente que a imaturidade de uma pessoa pode muito bem ser medida pelo número das suas queixas? Substituo sempre que posso os desabafos por sorrisos?

12. Esforço-me por ser objetivo, sem me deixar levar por sentimentalismos baratos ou perfeccionismos desnecessários? Evito o «chute» e as expectativas sem fundamento?

13. Aceito serenamente, sem azedume nem amargura, as limitações da realidade: a falta de tempo, os defeitos e limitações dos outros, as oposições que necessariamente haverá em qualquer coisa que eu empreenda?

# A MATURIDADE

14. Empenho todas as energias necessárias para alcançar as metas que me proponho, sem esmorecer diante dos atrasos e contrariedades? E depois sei esperar serenamente, com a consciência de que as coisas saem quando Deus quer ou permite que saiam?

15. Medito nas consequências que terão as minhas decisões? Peço conselho a quem é capaz de me ajudar pela sua experiência, conhecimento e sabedoria? Tenho «jogo de cintura», sem insistir com teimosia e casmurrice naquilo que me parece importante?

16. Penso habitualmente nos outros, nas suas necessidades e preocupações? Pondero o melhor modo de ajudá-los? Lembro-me das efemérides mais importantes da sua vida, dos seus gostos e interesses, e procuro proporcionar-lhes pequenas alegrias?

17. Cumpro os compromissos que assumi com as outras pessoas, sem exceções, sem desculpas? Sou esmeradamente fiel à palavra dada?

18. Sei sacrificar-me silenciosamente, com um sorriso e sem ares de mártir, pelo bem dos outros, nas coisas pequenas e nas grandes? Sei proceder assim sem pedir recompensa de espécie alguma, um dia após outro, dando-me por muito bem pago com que Deus o veja?

19. Compreendo que, pelo Batismo, Deus me chamou à santidade, e que é nisso que consiste a maturidade que Ele e os homens esperam de mim?

20. As palavras «compromisso», «sacrifício», magnanimidade, repelem-me ou me seduzem e inspiram?

Aprendi a concretizá-las em pequenos gestos, passo a passo?

21. Descubro permanentemente algum novo ponto em que ainda sou imaturo? Qual é o defeito dominante do meu caráter? Com que energia o combato e supero? Ou tenho um «querer sem querer», como um adolescente?

22. Sou sereno?

23. Tenho constantemente diante dos olhos a humanidade de Cristo, pela leitura meditada do Evangelho? Vejo que Ele é perfeito Deus e *homem perfeito*, comprometido até o fim com a sua missão de resgate e libertação do ser humano, generoso e amável, paciente e compreensivo, humilde e audaz, transparente e discreto?

24. Busco nos Sacramentos da Confissão e da Eucaristia as forças que me faltam para adquirir virtudes bem amadurecidas e sólidas?

25. Procuro estar sempre atento às *inspirações do Espírito Santo*, sem me fechar no narcisismo e no autodeslumbramento? Estou disposto a corresponder sempre aos apelos de Deus, até o fim da vida, tendo presente que Ele deseja conduzir-me ao *estado de homem perfeito, à estatura da maturidade de Cristo* (cf. Ef 4, 13)?

*Direção geral*

Renata Ferlin Sugai

*Direção de aquisição*

Hugo Langone

*Produção editorial*

Sandro Gomes

Juliana Amato

Gabriela Haeitmann

Ronaldo Vasconcelos

Roberto Martins

*Capa*

Gabriela Haeitmann

*Diagramação*

Sérgio Ramalho

ESTE LIVRO ACABOU DE SE IMPRIMIR
A 20 DE NOVEMBRO DE 2024,
EM PAPEL PÓLEN BOLD 90 g/m².